VOLUPTÉ.

PAR

SAINTE-BEUVE.

TOME SECOND.

BRUXELLES,
LOUIS HAUMAN ET COMP^e, LIBRAIRES.

1835.

Volupté.

IMPRIMERIE DE C.-J. DE MAT.

VOLUPTÉ.

PAR

SAINTE-BEUVE.

TOME SECOND.

BRUXELLES,

LOUIS HAUMAN ET COMP^e, LIBRAIRES.

M DCCC XXXV.

XV.

Mais avant de continuer, mon ami, j'ai besoin de vous fixer en quelques mots la situation présente d'où je vous écris ces pages. A peine étais-je en rapide chemin vers ce nouveau monde où Dieu m'appelle, les rochers de Bretagne depuis deux jours disparus, derrière, l'Irlande, cette autre patrie de mon cœur, un moment entrevue à ma gauche, et le haut Océan devant nous; le temps, qui avait été assez gros jusque là, devint plus menaçant et nous rabattit aux Sorlingues; tout se mêla bientôt dans une furieuse tempête. Je vous fais grâce des alternatives; elle dura trois jours; notre brick en détresse atteignit enfin cette côte de Portugal : ce fut un véritable naufrage. Or la tempête, en me tenant à chaque instant présente aux yeux l'idée de la mort, avait ressuscité en moi toutes les images de ma première vie, non pas seulement les formes idéales et pleurantes qui s'en détachent et s'élèvent comme des statues consacrées le long d'un Pont-des-Soupirs, mais elle avait remué aussi le fond du vieux fleuve et le limon le plus anciennement déposé. Toute poussière s'éveillait, toute cendre tremblait en mon tombeau, comme aux approches d'un jugement qui, même pour les plus confians et les plus tendres, s'annonce de près comme bien sévère. Quand je fus donc jeté là, presque noyé, sur le rivage, la bouche pleine encore de l'amertume de ces graviers anciens, et plus abreuvé de mon repentir que des flots, à peine essuyé dans mes vêtemens et abrité au voisin monastère, j'ai songé à vous, — à vous, jeune ami, affadi là-bas dans vos plaisirs, et à cette amertume pareille, et plus empoisonnée peut-être, qui vous était réservée. J'y avais songé déjà dans le péril, et je m'étais dit de vous écrire, si j'en sortais, quelque lettre d'avis suprême. Mais ici le temps était long, la conversation entre les bons pères et moi était courte, par mon peu d'usage de leur langue ; je résolus donc de vous dérouler, en forme de mémoires, une histoire de ma jeunesse, à loisir. Nous en avions pour six semaines au moins de retard, et cela avec la traversée faisait un intervalle bien suffisant. Il m'a semblé d'ailleurs que, dans ce répit inattendu, que j'obtenais sur un coin de terre du vieux monde, il m'était permis et comme insinué de m'appliquer une dernière fois au souvenir, en vous en exprimant la moralité. J'ai lu que le célèbre M. de Saci, dans ce Port-Royal si rigoureux, prenait en plaisir et en dévotion de se faire raconter par chacun des solitaires survenans les aventures spirituelles et les renversemens intérieurs qui les y avaient amenés. Ici mon ami, ç'a été l'homme habitué déjà dans la retraite, qui a été trouver par ses aveux l'homme trop peu revenu ; ç'a été le plus vieux qui s'est donné à l'avance au moins mûr ; ç'a été le confesseur qui s'est agenouillé devant vous et qui s'est humilié. Oh! tâchez que ce ne soit pas tout-à-fait en vain; justifiez, absolvez, par le bon profit que vous en saurez faire, les retours trop flatteurs où j'ai fléchi. Une pensée aussi m'a fortement dominé en ces lieux, et a introduit peu à peu sous ma plume toute une portion que j'aurais pu sans cela resserrer. Limoëlan a dû vivre en cette contrée, sur cette côte, — près d'ici peut-être? Y vivrait-il encore? Qui sait? n'aurait-il pas eu pour asile, me disais-je, ce toit même que j'habite, et l'une des cellules dont, au soir, j'aperçois les lampes toujours mourantes, et jamais éteintes? Son pauvre corps meurtri dormirait-il par hasard sous une dalle de la chapelle où, en le nommant à Dieu, j'ai prié? Le désir de rattacher à mon récit une destinée si étrange d'expiation et de martyre m'a fait reprendre à tous ces détails de conspiration qui nous étaient moins nécessaires.

Jusqu'ici donc, c'est du monastère hospitalier que j'aurais pu dater ces feuilles, je les ai écrites souvent dans la sérénité des matins sur la terrasse qui regarde la mer, ou sur le balustre massif de la fenêtre, au souffle encore embrasé du couchant; j'en ai crayonné plusieurs, durant le poids du jour, au bout du promenoir formé de platanes, seule allée d'ombrages, quand le reste du jardin n'est qu'aloès et romarins désséchés. Je les ai rassemblées sans art, mais à loisir, trop à loisir, je le crains, et le goût que je sentais naître en allant et s'augmenter à mesure, m'a rappelé le temps où je rêvais de me livrer à écrire, et où je m'en suis abstenu, car je l'aurais trop aimé. Cette complaisance outrée dans un travail si simple va pourtant finir. Nous nous rembarquons, mon ami; c'est du bord même que je recommence dès à présent; nous partons cette nuit, aux premières vagues montantes. Je continuerai donc au roulis du vaisseau, et peut-être une autre tempête coupera court. Si j'arrive, je veux que ce soit clos avant cette arrivée où tous les flots d'ici doivent mourir. L'intervalle jusque-là est une page blanche que je puis remplir encore sans perdre de vue les cieux; mais, une fois les grands rivages aperçus, la plume me tombera des mains, et je serai tout à l'œuvre nouvelle.

Le départ de mes amis m'avait laissé un vide profond qui ne fit que s'accroître durant les jours suivans. Je me maintins d'abord avec

1.

assez d'avantage dans cette ligne d'abstinence et de sacrifice où les dernières scènes m'avaient replacé. La pauvre science, les livres négligés auxquels je revins, m'y aidèrent ; je passais les soirs dans ma chambre ; le malheur de beaucoup est de ne pas savoir passer les soirs dans sa chambre, Pascal a dit quelque chose d'approchant. Ce qui concernait Georges aggravait cette teinte d'affection sombre. On venait de découvrir sa présence à Paris ; toutes les barrières furent aussitôt fermées, et un extraordinaire appareil de police agitait la ville. J'allais peu chez madame R., et à des heures où j'avais chance de ne pas la trouver. Les premiers jours se soutinrent pour moi ainsi dans la précaution, l'intérêt sérieux, l'étude reprise et un commencement de constance. J'en étais déjà à goûter les prémices de cette fidélité commencée, à entendre du fond de mon ennui, comme dans un bosquet obscur avant l'aube, le murmure d'allégresse de la chasteté renaissante. Mais il arriva bien vite alors ce que j'ai trop de fois éprouvé depuis, et ce qui, ver la fin de la lutte, me la rendait si déplorable et si désespérée. Après huit jours et plus, ainsi employés à soigner son cœur, à munir ses yeux, à se garder dans une pureté scrupuleuse, à prier avant de sortir, à choisir les lieux où l'on passe, à ne regarder que devant soi, et à ne pas s'enorgueillir surtout de tant d'efforts, voilà qu'au détour où l'on s'y attendait le moins, une apparition connue vous entre dans l'âme et vous renverse net, comme un soldat de plomb qui tombe, comme une carte qu'un enfant renverse d'une chiquenaude dans ses jeux. Oh! que cette facilité à choir, qui ne diminue pas jusqu'aux dernières limites et tant qu'on n'a point passé le Jourdain sacré, qui est la même dans les voluptueux à tous les degrés de la lutte avant l'absolue conversion, — que cette fragilité m'a fait comprendre combien il ne suffit pas de vouloir à demi, mais combien il faut vouloir tout-à-fait, et combien il ne suffit pas de vouloir tout-à-fait, mais combien il faut encore que ce vouloir, qui est nôtre, soit agréé, béni et voulu de Dieu! Notre volonté seule ne peut rien, bien que sans elle la Grâce ne descende guère ou ne persiste pas. Le grand Augustin, esclave lui-même des rechutes, l'a dit après l'Écriture : La continence est un don. Volonté et Grâce! c'est en ces momens que j'ai senti le plus votre éternel mystère s'agiter en moi, mais sans le discuter jamais. Et pourquoi l'aurais-je discuté ? pierre d'achoppement pour tant de savans et saints hommes, ce duel, l'avouerai-je ? à titre de mystère, ne m'embarrassait pas. Toutes les fois que je tombais ainsi net, sans qu'il y eût rien prochainement de ma faute, je me sentais libre, responsable encore ; il y a toujours dans la chute assez de part de notre volonté, assez d'intervention coupable et sourde, et puis d'ailleurs assez d'iniquités anciennes ou originelles, amassées, pour expliquer et justifier aux yeux de la conscience ce refus de la Grâce. Toutes les fois au contraire que je réussissais à force de soins et de peine, je ne sentais pas ma volonté seule, mais je sentais la Grâce favorable qui aidait et planait au-dessus ; il y a toujours dans la volonté la plus attentive et la plus ferme assez de manque et d'imprudence pour nécessiter, en cas de succès moral, l'intervention continue de la Grâce. C'est comme une lisière, j'oserai dire, qu'on attache aux enfans, quand ils sont presque déjà en état de marcher. S'ils vont et ne tombent pas, même sans que la lisière les ait retenus, c'est toujours que cette lisière était là, flottante derrière eux, et que leur marche la sentait confusément comme un appui; s'ils tombent jusqu'à se blesser, c'est que, la lisière se relâchant à dessein, ils ont trop compté sur eux et ne l'ont pas assez tôt redemandée; c'est qu'ils ne se sont pas assis d'eux-mêmes à temps, sans bouger, et en se faisant tout petits. Tant que l'homme est sur terre, il est toujours ainsi sur le point de marcher seul; mais, s'il marche sans choir, il ne marche jamais en effet qu'avec ces lisières d'en haut. Les plus saints sont ceux qui vont si également et si agilement, qu'on ne sait, à les voir de loin, s'ils marchent grâce à la vélocité de leurs pieds, ou au soutien, au soulèvement continuel de la lisière, et que ce double mouvement chez eux est en harmonie et ne fait qu'un, les lisières ne les quittant plus, s'incorporant à eux et s'attachant désormais à leur épaule comme deux ailes immuables. Tâchons, mon ami, tâchons d'être ces heureux enfans, qui sont toujours prêts à marcher seuls et font en effet tout le chemin à pied, mais le font sans cesse sous l'œil et par le maintien de la tendresse suprême, qui ne sont plus des nourrissons gisans et vagissans, qui ne deviendront jamais des hommes superbes, que la mort trouvera encore en lisières et s'essayant, toujours en avant et toujours dociles, qui marchent et qui sont portés, qui ont le labeur jusqu'au bout, et qui à chaque pas rendent grâces!

Certes vous n'êtes en aucun moment plus éloigné du modèle que je ne l'étais alors. Après ces heures de rechute, j'avais hâte d'ordinaire de retourner chez madame R.; le soir même, ou du moins le lendemain, j'y allais presque toujours. J'y étais poussé, non par aucun de ces désirs réels et matériels si aveuglément assouvis, mais par un besoin de distraction et d'excitation artificielle, pour m'étourdir, pour recouvrir et réparer, en quelque sorte, l'infraction brutale à l'aide d'une autre espèce d'infraction moins grossière, quoique plus perfide, et qui se passait dans l'esprit plutôt que dans les sens. Une heure ou deux, assaisonnées de propos galans et d'amabilités mensongères, étaient une suffisante ivresse; il me semblait qu'ainsi transporté dans une sphère plus délicate, le déréglement de mon cœur s'était ennobli, que le poison, arrivant sous forme invisible en parfums subtils, devenait une nourriture assez digne de l'âme, et que j'avais moins à rougir de moi. Vue trompeuse et sophisme ! Car, si quelquefois, après huit jours de retraite et de pureté observée, j'allais visiter madame R.; si, la trouvant aimable et belle, je me livrais à ces mêmes propos, à ces mêmes sourires, qui, dans le cas précédent, me paraissaient comme une distraction heureuse et un parfum, le sentiment de mon innocence et de ma fidélité, en ce cas nouveau, s'affaiblissait et se troublait; au sortir de là, j'étais moins soigneux à le garder, comme ne le possédant plus intact, et je succombais très-aisément. Ainsi tout se tient, toutes les infractions sont de connivence et s'amènent. Si la chute grossière me rengageait vers la duplicité riante et perfide, celle-ci à son tour me renvoyait sans défense aux plus indistincts entraînemens.

Et puis, après deux ou trois jours quand j'avais sommeillé plusieurs fois d'un épais sommeil, quand j'avais oublié les circonstances du mal et un peu repris les rênes, j'écrivais à Blois quelque lettre pour me réparer véritablement, pour me lier et m'exalter par l'adoration d'un être idéal auquel je redemandais les pudiques ardeurs. C'était à elle en effet, plutôt qu'à lui, que j'adressais le plus souvent mes lettres. Il n'y entrait rien de politique, comme vous pouvez croire, ou seulement ce que le public en savait : « On vient d'arrêter Moreau ; on vient d'arrêter Pichegru ; les barrières sont toujours fermées : on cherche toujours Georges. » Mais le fond était le récit de ma vie, le détail de mes ennuis loin d'eux, rejetant les hontes dans l'ombre ; le bulletin du petit couvent, tout une peinture pieuse, adoucie, assez naïve quoique si peu fidèle. Je laissais courir sans scrupule élans et plaintes, et même de figuratifs aveux ; elle était tantôt le saule du bord qui m'empêchait d'être emporté par le fleuve, tantôt l'anneau d'or qui me retenait au meilleur rivage ; les noms de Beatrix et de Laure se glissaient d'eux-mêmes, mais tout cela noyé dans une teinte qui ne donnait jour au soupçon ni à l'offense. Elle répondait une lettre environ sur trois des miennes, courte d'ordinaire, amicale avec sens et simplicité. Mais les formules restantes de politesse, cette appellation de *monsieur*, comme une voix étrangère, m'attristaient et me rattiraient au réel, et retraçaient à mes yeux les bornes sévères que j'aurais voulu, sinon franchir, du moins ne pas toujours voir! Chaque dernière lettre reçue d'elle ne me quittait pas jusqu'à une prochaine; je me levais quelquefois au milieu d'un travail, ou je m'arrêtais dans la rue pour la déplier et la relire, pour y chercher, sous ces paroles bonnes et qui me disaient de venir, un indice encore plus tendre, pour y reconnaître sous l'inflexible mot et dans la manière dont il était placé, les nuances que la voix et le regard, en parlant, y auraient mises.

Cinq longues semaines s'étaient de la sorte écoulées. L'affaire politique se poursuivait avec une rigueur formidable. Chaque nuit, vers la fin, je m'attendais à ce que Georges, traqué de toutes parts, viendrait me demander refuge. Je m'éveillais en sursaut, croyant avoir entendu marcher et appeler sous ma fenêtre, et une ou deux fois je descendis ouvrir. Mais il ne vint pas. En ces extrémités, plutôt que de compromettre, il aimait mieux recourir à des asiles forcés qu'il obtenait violemment chez des inconnus. Son arrestation, le soir du 9 mars, acheva mes craintes. Paris pourtant ne se rouvrait pas encore; j'avais promis d'aller à Blois passer, la Semaine-Sainte, et il n'y avait guère d'apparence que je le pourrais. Il eût été peu sage de me mettre en mouvement et en évidence, tant que la circulation ne serait pas libre; MM. D... et R. me conseillaient de différer. Je venais donc d'écrire, le samedi d'avant les Rameaux, et sous le coup même de l'assassinat de Vincennes, toute ma douleur des obstacles, et la promesse de redoubler de recueillement et de souvenir pendant cette semaine du saint deuil. Dans ma visite de l'après-midi à madame de Cursy, visite que je faisais toujours plus longue en ces veines de fidélité, j'avais pris au hasard un livre de sa bibliothèque, un tome des *Pensées* du P. Bourdaloue, et je l'avais emporté au jardin pour lire, profitant d'un rayon de soleil à travers les arbres encore dépouillés. J'aimais ce petit jardin triste et humide, sur lequel donnait la fenêtre de l'ancienne chambre de madame de Couaën, et je me le figurais, je ne sais pourquoi, semblable à celui de sainte Monique en sa maison d'Ostie, tandis qu'appuyée à la fenêtre, peu de jours avant sa mort, elle entretenait son fils converti de la félicité céleste. Tout en marchant le long des buis qui étaient la principale verdure, et dont demain

on allait faire des rameaux, tout en rêvant à l'image de l'absente amie, je fus frappé d'un chapitre qui traitait à fond des amitiés, de celles prétendues solides et de celles prétendues innocentes. A propos des dernières, des amitiés sensibles, qui font une impression si particulière sur le cœur, qui le touchent et qui l'affectionnent sans mesure, je lisais avec étonnement, comme en un miroir ouvert devant moi : « Ce sont mille idées, mille pensées,
» mille souvenirs d'une personne dont on a
» incessamment l'esprit occupé; mille retours
» et mille réflexions sur un entretien qu'on a
» eu avec elle, sur ce qu'on lui a dit et ce
» qu'elle a répondu, sur quelques mots obli-
» geans de sa part, sur une honnêteté, une
» marque d'estime qu'on en a reçue; sur ses
» bonnes qualités, ses manières engageantes,
» son humeur agréable, son naturel doux et
» condescendant, en un mot sur tout ce qui
» s'offre à une imagination frappée de l'objet
» qui lui plaît et qui la remplit. Ce sont, en
» présence de la personne, certaines complai-
» sances de cœur, certaines sensibilités où l'on
» s'arrête et qui flattent intérieurement, qui
» excitent, et qui répandent dans l'âme une

» joie toujours nouvelle, ce sont dans les con-
» versations des termes de tendresse, des ex-
» pressions vives et pleines de feu, des protes-
» tations animées et cent fois réitérées.... On se
» recherche l'un l'autre. Il n'y a presque point
» de jour où l'on ne passe plusieurs heures en-
» semble. On se traite familièrement, quoique
» toujours honnêtement. On se fait des confi-
» dences. Souvent même le discours roule sur
» des choses de Dieu. »

Et le feuillet, à chaque ligne, me montrait ma ressemblance, et je m'arrêtais convaincu. Oh! oui, m'écriais-je, oui, vous avez dit vrai ; vous aussi, vous saviez cela, directeur austère ; d'où ces secrets, que je croyais à moi seul, vous sont-ils venus ? Oui, l'on parle des choses de Dieu, de celles même qui sont le plus obscurcies en ces momens, de la mort des désirs, du sacrifice des sens et de la vigilante chasteté ; et tandis qu'on en parle si bien, la malice en nous qui, à notre insu, veut séduire, séduire celle qui écoute et séduire nous qui parlons, nous suggère parfois aux paupières d'abondantes sources de larmes, qui, en se mêlant à nos paroles, ne font que les rendre plus mélodieuses. Mais disons alors : Si elle était moins jeune et moins belle, et moins attentive au son de notre voix, aimerions-nous tant, durant de longues heures, à lui parler de sacrifice, d'amitié discrète et de célibat inviolable? Serions-nous tant sujets à pleurer près d'elle, si elle était moins sujette à en pleurer?

Et revenant aux pensées du moraliste chrétien, j'y trouvais : « Comment, si près de la » flamme, n'en ressentir aucune atteinte? Com- » ment, dans un chemin si glissant, ne tomber « jamais? Comment, au milieu de mille traits, » demeurer invulnérable? Est-il rien qui nous » échappe plus vite que notre esprit, rien qui » nous emporte avec plus de violence que notre » cœur, rien qui nous soit plus difficile à retenir » que nos sens? »

Pères, Docteurs, Orateurs, vous qui éclatiez dans la chaire ou qui vous taisiez par vœu, anciens solitaires des déserts ou des cloîtres, oracles, devenus trop rares, de la chrétienté éclipsée, le monde d'aujourd'hui est tenté de vous croire étranges et sauvages ; mais si vous sortez de la grotte, de la cellule où vous dormez, de votre poussière et de votre silence, vous lui dites encore ses secrets et ses ressorts de conduite, à le faire pâlir de surprise ! Et je ne veux pas seulement parler des grands pénitens d'entre vous, des convertis que le monde de leur temps avait d'abord entraînés, mais de ceux qui restaient dès leur jeunesse invariables et simples. Ceux-ci même ont su et scruté sur les passions et leurs mobiles ce qu'après des siècles d'oubli on aperçoit à grand'peine, et ce qu'on imagine récemment découvrir. O vous qui n'avez navigué qu'au port, dites, par où saviez-vous l'orage ? C'est que l'orage est partout; c'est que le désert est un monde aussi d'humaines pensées ; c'est que le rocher de la foi, si haut et si ferme qu'on l'obtienne, reçoit, par de certains vents, l'écume éparse de tous les flots. Les mêmes mouvemens éclosent plus ou moins, et s'essaient en tous les temps dans tous les cœurs. Les mêmes circonstances morales essentielles se reproduisent à peu près en chacun, ou du moins elles se peuvent conclure à l'aide de celles auxquelles nul n'échappe entièrement. Bourdaloue, Jean Gerson, ou Jean Climaque, nos maîtres spirituels, vous avez tous lu, en vos époques bien diverses, à cette commune nature d'Adam, avec cette même lampe du Christ et des Vierges Sages. Quiconque y pénètre après vous, retrouve à chaque pas vos lueurs. Le plus corrompu et le plus tortueux des mondains n'en sait pas tant bien souvent sur les moindres replis de l'âme, que vous, droits et humbles. Car, chaque soir, chaque matin, à toute heure du jour et de la nuit, durant des années sans nombre, vous avez visité coins et recoins de vous-même, comme, avant de se coucher, fait dans les détours du logis la servante prudente. Oh! qu'on arrive, ô mon Dieu, à savoir tout le fond d'ici-bas, sans jamais presque sortir de son cœur!

Cette frappante lecture, s'ajoutant à plusieurs des précédentes, et comme ménagée avec adresse par une Providence maternelle, bouleversait beaucoup mes idées, qui, en s'améliorant depuis quelque temps par rapport au salut, se tournaient toutefois et se reposaient chemin faisant sur la douceur d'une amitié prétextée innocente. Il ressortait brusquement à mes yeux que cette amitié de trop près cultivée et les stations avancées du salut n'étaient pas sur la même pente, le long d'une seule et même voie; que cette prairie si molle et si tiède à la lune, et d'une pelouse si assoupie, et d'une vaporeuse blancheur d'Élysée, ne menait pas sûrement au Calvaire. De nouvelles perplexités naissaient de là ; j'étais en train de les débattre avec application et souci, quand le lendemain dimanche j'appris que, trois derniers conjurés ayant été arrêtés, les barrières venaient de se rouvrir et que les empêchemens extraordinaires cessaient. Le voyage à l'instant devenait possible ; âme mobile et peu ancrée, je ne sentis plus autre chose. Perplexités, balance, tout fut secoué et suspendu ; je volai, je pourvus au départ en peu d'heures, et le lundi, de bon matin, j'étais sur la route de Blois.

« Ils vont être bien surpris de me voir descendre en personne, après ma lettre d'avant-hier, pensais-je tout le temps avec sourire ; cette lettre exprimait tant de regrets ! c'est la plus vive, la plus ouvertement tendre que j'aie écrite assurément. J'étais si désespéré du retard ; je me faisais si hardi à produire mon sentiment à cette distance et ne croyant pas si tôt les visiter ! Le marquis en aura-t-il pris quelque ombrage ? Elle-même s'en sera-t-elle effrayée ? Oh ! non, elle en aura été touchée seulement. C'est d'aujourd'hui que cette lettre a dû lui arriver ; elle est peut-être en ce moment à la relire ou déjà à y répondre. Elle rougira plus que de coutume en me voyant, et j'en serai, moi aussi, un peu embarrassé d'abord. Que de questions le marquis va me faire! que de réponses navrantes et funèbres! Mais, Elle, ce sera toujours l'ancienne conversation continuée, le règne intime, l'oubli de tout, la tristesse invisible et tranquille, qui s'exhale des choses, et qui retombe, aux instans plus sereins, en rosée plus abondante! »

On voyageait lentement alors. Ayant atteint Orléans assez tard dans la soirée, comme on allait y dormir la nuit, je n'y pus tenir, et, demandant cheval et guide, je poussai incontinent après souper sur Blois. A trois lieues seulement de la ville, tout au matin, je changeai de monture et en pris une plus fraîche pour arriver. Dans une des rues hautes, non loin du château, vers sept heures, je frappais à la porte d'une maison de vieille apparence, qu'il me semblait déjà reconnaître, tant les lieux me sont vite présens et familiers! La domestique qui m'ouvrit, anciennement attachée à Couaën, me nomma aussitôt avec joie, et, montant l'escalier avant toute question de ma part, m'introduisit précipitamment dans la chambre de sa maîtresse. Elle était levée en effet, debout près du lit d'un de ses enfans qui me parut malade. Elle fit un cri de surprise à ma vue, mais, m'interrogeant à peine, elle me conta que cette nuit même son fils avait été pris d'un étouffement violent et de toux; on était allé dès le jour prévenir le médecin, qu'elle attendait impatiemment. Une première et inévitable pensée me blessa, c'est qu'en ce moment peut-être elle eût mieux aimé voir entrer le médecin que moi-même. Elle me pria d'examiner son fils et de donner un avis selon la science qu'elle me supposait. Ses yeux brillans consultaient les miens, elle avait la joue maigrie et plus en feu que celle du malade. Je la rassurai en toute sincérité, n'apercevant chez l'enfant aucun symptôme qui justifiât tant d'alarmes. Le marquis, qu'on avait été avertir, entra quelques instans après, et je lui précisai les événemens des derniers mois, surtout l'assassinat du duc d'Enghien, avec les détails qui ne lui étaient point parvenus. Ainsi se passèrent cette journée et les suivantes, madame de Couaën ne me faisant aucune mention des lettres reçues, pas plus de la dernière que des autres, et moi froissé, et m'interdisant de la rappeler à ce qui m'eût d'abord été si cher. Le mal de son enfant l'occupait, et quand elle fut un peu rassurée le second jour, ses questions fixes, si nous nous trouvions seuls, portaient uniquement sur les dangers que le marquis et nous tous nous courions par suite de cette conspiration découverte et des rigueurs menaçantes. Au lieu des tristesses sans cause, ou dont on se croit la cause prochaine, au lieu des flottantes rêveries où l'on dessine ses visions comme dans les nuages, elle m'offrait une douleur, une inquiétude bien réelle et positive, et elle l'étalait naïvement. Mais l'amour humain, qui se dit dévoué, est si injuste et à son tour si préoccupé de lui-même, que je lui en voulais, à elle, de sa préoccupation et de son effroi.

Qu'avais-je à lui reprocher pourtant, à ce cœur de femme et de mère ? Les lettres que j'avais trouvé hardi de lui écrire, elle ne s'en était pas étonnée et ne les avait pas jugées étranges. Elle avait accepté de moi sans défiance ce qui n'était pas exempt de quelque ruse. Elle s'en était nourrie comme d'un aliment délicat, mais simple, ordinaire à une semblable amitié, et voilà pourquoi elle n'en parlait pas. Elle ignora toujours ces manéges d'amour-propre et d'art plutôt que de tendresse, ces attentions que l'esprit seul rappelle, ces susceptibilités qui s'effraient et reprochent agréablement pour mieux exciter. Elle croyait, elle acceptait tout de l'ami, et ne se répandait pas en petits soins gracieux, le jugeant plein de foi lui-même. Quand elle m'avait vu entrer au plus fort de son inquiétude, le premier cri de surprise jeté, elle m'avait pris aussitôt comme une autre part de son âme, et s'était montrée à moi dans toute sa peine, sans songer à se modérer ni à affecter rien de moindre.

Et je lui en voulais d'une si admirable sensibilité de mère, non-seulement comme d'un tort fait à ce que je prétendais être pour elle, mais comme d'une fatigue qui brûlait sa joue de veilles et qui altérait sa beauté. Il y a des momens d'éclipse et de brutalité dans l'amour chez l'homme, où il irait jusqu'à en vouloir à la femme qu'il aime, de cette sensibilité dévorante qui la ferait sécher et pâlir, et dépérir en beauté loin de lui, à cause de lui ! Les femmes ne sont jamais ainsi, elles ; et c'est ce qui maintient leur grandeur dans l'amour, leur vertu souvent dans l'abîme, leur titre à l'immortel pardon.

Quant au marquis, après bien des conversations ébauchées, nous sortîmes une après-midi ensemble; et à deux pas de la ville, le long d'une hauteur qui dominait la route et le paysage, il me faisait redire pour la dixième fois tous les détails que j'avais pu saisir de l'assassinat ténébreux. J'avais peine à m'expliquer cette insistance par le seul intérêt donné à la victime. A la fin son âme s'échappa en ces mots : « — Eh! bien, oui, il triomphe, ses rivaux disparaissent, le sort les lui livre un à un; il use et mésuse déjà; il fusille des princes. Moreau, Pichegru, Georges, que fera-t-il de vous ? Compagnons, à chacun son rôle ! A vous illustres, le plus sanglant peut-être; à moi le plus douloureux et le plus lourd! mais je l'accepte et le veux tout entier désormais. Limoëlan, j'aurai aussi mon martyre! c'est de survivre et d'attendre, et d'épier du regard chaque mouvement du victorieux, jusqu'à ce qu'il tombe, car il tombera. Le voilà hors de page, Empereur demain, maître absolu sur nos têtes. Eh! bien, dès avant demain il a commencé de tomber. L'imbécillité populaire le suivra, le portera long-temps encore; je ne m'y tromperai guère; je noterai d'ici ses pas, chaque degré, chaque symptôme de chute, les signes déjà naissans du vertige. Il pourra avoir l'air de monter toujours, mais en réalité, non. J'aurai patience en vue de la fin ; j'essuierai cette longue tyrannie comme l'officier sans épée d'une garnison prisonnière, devant qui l'insolent vainqueur fait défiler jusqu'au dernier goujat de son armée. Mais je compterai assez sur lui, livré à lui-même, sur ses fautes, ses opiniâtretés et ses colères : l'assassin d'un Condé m'en répond. Oh ! comme rien ne m'échappera de dessous sa pourpre de parade, ou à travers la fumée de ses camps ! Jamais mère ne suivra sur la carte les marches d'un fils avec plus d'anxiété, que moi les siennes. J'inscrirai avec joie coup sur coup ses victoires, victoires de Pyrrhus, par où il périra. Les générations neuves, chaque année, crèveront sous lui comme des chevaux de rechange ; mais il aura son tour. Inconnu, immobile, annulé, je marquerai sans relâche tous les points de ce grand jeu; s'il se trouble un moment, je croirai que c'est moi, caché, qui le fascine : Amaury, je tiens ma vengeance. »

Et en parlant de la sorte avec une exaltation concentrée et une splendeur pâle au visage, M. de Couaën semblait en effet un martyr sublime des terrestres passions orgueilleuses, de la pure race des Prométhées enchaînés. Mais quelque irritation que m'eût laissée le récent attentat politique, il m'était impossible de m'ulcérer à ce point et d'entrer dans des ressentimens si implacables, autrement que pour les plaindre. La vue même de ce calme pays, l'idée du jour saint, du Vendredi miséricordieux où nous étions, ajoutaient à l'effet étrange et presque offensant que me causaient ces paroles. Je me sentis incapable de séjourner à demeure auprès d'une torture si révoltée et si éternelle, de même que je m'étais senti rebuté tout-à-l'heure de la sensibilité trop fixe et trop instinctive de madame de Couaën. Entre la haine cuisante et les vautours de l'un, les oublis fréquens et les lentes consomptions maternelles de l'autre, qu'avais-je à faire ? quel don inutile de mon être, et à quoi leur serais-je bon avec mes délicatesses comprimées, mes susceptibilités jalouses, et ces ressources variables d'intelligence et de cœur qui ne sauraient en tout point qu'orner et adoucir ? Étant rentré à la ville dans ces pensées, j'allais, dès le soir, sans prévenir personne, retenir ma place à la voiture pour le lundi de Pâques.

Ce ne fut que le jour de Pâques même, qu'après avoir annoncé à déjeûner mon départ, j'entendis madame de Couaën m'adresser en face le mot jusque-là contenu : « Ah! çà, dites, quand nous venez-vous décidément ? Elle semblait s'être fait un peu violence pour lâcher cette parole, et la brusquerie de ton dont elle l'avait prononcée cachait mal l'intérêt qu'elle y pouvait mettre, et n'était pas d'accord avec la rougeur soudaine qui couvrit son front en ce même moment. Mais mon impression était trop prise déjà pour que ce mot tardif me la fît changer. Je lui répondis, et au marquis, d'un air d'empressement, que je ne manquerais pas d'accourir, aussitôt après le procès fatal et ces débats auxquels je voulais, pour nous tous, assister. Et je quittai Blois le lendemain avec une joie, un soulagement, une colère intérieure, qui se combattaient, se mêlaient en moi, et faisaient voler dans mon ciel, comme à un cliquetis excitant, des milliers d'abeilles désireuses : « Aimons, aimons, répétais-je ; la saison récréante approche, les germes poussent de toutes parts, et mon essor de jeunesse n'est pas fini. Aimons d'amour, mais aimons qui nous le puisse rendre, qui s'en aperçoive et en souffre et en meure, et préfère à toutes choses l'abime avec nous ! Les pures amitiés durables avec les jeunes femmes ne sont possibles , je le vois , qu'à condition d'insensibilité fréquente , d'oubli de leur part et de détournement perpétuel de leur tendresse sur d'autres êtres qui ne sont pas nous. Puisqu'en restant attentives et vives , ces amitiés , au dire des conseillers rigides , ne sont jamais que prétendues innocentes , osons plus , osons mieux , ayons-les donc tout-à-fait coupables ! » Ainsi la bonne lecture elle-même, dans ce cœur trop remué, tournait en aide aux conclusions délirantes ; — et l'image de madame R. reparaissait à l'instant plus fraîche, comme après un sommeil d'hiver , tantôt en pleurs silencieux , telle que je l'avais surprise dans cette soirée de la loge , et se mourant de langueur de n'être pas aimée , tantôt dans la féerie du bal , se laissant deviner aussi enivrée et légère que la rendrait le bonheur ; tour à tour roseau frêle et pâle qu'il serait aisé de relever , lutin moqueur et fugitif, difficile et précieux à saisir , ou bien sphinx discret, prudent et assez cruel, avec un secret que sa fine lèvre aurait peine à dire, et que je lui voudrais arracher.

3.

XVI.

On était aux premières haleines du printemps. Aussitôt arrivé, je visitai madame R. Elle me reçut bien amicalement, avec cette teinte de tristesse amollie, qui lui était familière, d'humides nuages sur le front. J'y retournai le lendemain et les jours suivans, dans l'après-midi; encore la même tristesse et les mêmes nuages, avec un éclair aussi doux. Nous renouâmes le passé peu à peu, et sans qu'il en fût question. Elle ne vivait plus seule, et une tante, qui l'avait élevée, était venue demeurer à Paris près d'elle. Mais c'était seule d'ordinaire que je la voyais à ces heures, dans son étroit salon bleuâtre, aux jalousies souvent à demi fermées. Notre conversation dès les premières fois, et à travers les sujets du moment, s'établit au fond et s'accoutuma volontiers à retomber sur son découragement, à elle, son ennui profond d'une existence sans but, et sur l'espoir aimant que je voulais lui persuader de ressaisir. Derrière les circonstances insignifiantes et dans nos moindres manières de juger les choses, nous savions, sans nous y méprendre, répondre à nos pensées. Je lui offris des livres à lire; je lui apportai, pour commencer, s'il m'en souvient, quelques productions touchantes d'une madame de Charrière, et nous nous animions en causant des personnages et d'une certaine Caliste particulièrement. Un jour qu'elle s'était livrée avec une sorte de sérénité au courant de l'entretien, comme je me levais pour sortir après quelques mots moins indirects de mes sentimens, je m'approchai par hasard d'une des fenêtres entr'ouvertes sur laquelle était un lilas, je crois, un lilas blanc et déjà passé, quoiqu'à peine en fleurs; elle me le fit remarquer avec intention et retour sur elle-même: « Mais ouvrez cette jalousie, lui dis-je, et le soleil entrera. »

Elle alla bientôt à Auteuil, et ces voyages de chaque jour que j'y avais faits l'an dernier pour une autre, je les refis, hélas! pour elle : tout m'y parlait de mon infidélité. J'en souffrais, mais j'amortissais le plus possible ce contraste injurieux des souvenirs. Elle aimait peu à sortir et à marcher dans le bois; et quand nous y étions, j'évitais constamment cer-

taines allées, trop pleines de témoignages inviolables et de murmures. Il y avait dans la maison qu'elle habitait un parc à l'anglaise assez étendu, et qui suffisait à une promenade paresseuse. Un jour, dans les commencemens, nous nous étions entretenus, selon notre thême favori, du désabusement précoce des passions, de cette langueur d'âme et de cette fuite du soleil que je lui reprochais. Mais elle prétendait que, quand on a passé, à regretter et à pleurer, certaines années de la vie les plus décisives et les plus belles, peu importe qu'on continue les regrets et les pleurs plus ou moins de temps encore, car le charme brillant est à jamais rompu, et il y a d'avance une ombre froide sur tout ce qui pourrait venir : mieux vaut donc que ce quelque chose qui demande éclat et fraîcheur ne vienne pas. C'était là, ou à peu près, la pensée qu'elle m'exprimait.
« — Oui, vous voulez dire, reprenais-je, qu'il est dans la vie une robe de grâce et d'illusions charmantes qu'on ne revêt qu'une fois; que les sentimens qui ont manqué des rayons du dehors dans la saison propice, même quand ils mûriraient plus tard, mûrissent mollement et ne se dorent pas; que les âmes trop longuement

baignées dans leurs propres larmes, sont comme ces terres imbibées de pluie, et qui restent toujours humides et un peu froides, même après le soleil reparu. Vous croyez qu'il n'est pas en elles de buissons altérés ni de gerbes toutes prêtes ; que la foudre, en tombant, n'y allume rien, et qu'elles ne deviendront jamais un autel ? Ah ! vous dites vrai en partie ; vous dites ce que j'ai senti souvent et ce que j'ai craint de moi ! Mais je me suis dit aussi qu'on n'arrive pas de si tôt à ce degré désespéré ; qu'une ou deux ou trois années de larmes ne sont qu'une rosée dans la jeunesse ; une matinée meilleure essuie tout, une fraîche brise nous répare. On oublie, on s'exhale, on se renouvelle. On a véritablement en soi, songez-y, plusieurs jeunesses. Bien souvent on croit que c'en est fait des belles années et de leurs dons ; on se dépouille, on se couche au cercueil, on se pleure. Puis, le rayon venu, on renaît, le cœur fleurit et s'étonne lui-même de ces fleurs faciles et de ces gazons qui recouvrent le sépulcre des douleurs d'hier. Chaque printemps qui reparaît est une jeunesse que nous offre la nature, et par laquelle elle revient tenter notre puissance de jouir et notre capacité pour le bonheur. Y trop résister n'est pas sage. Sur le coteau mystérieux où voltigent des danses inconnues, où luit un astre si charmant, on est monté une fois ou deux peut-être, sans rien y voir de ce qu'on se figurait d'en bas ; on s'est lassé, et l'on est redescendu, le cœur et les pieds saignans, dans les ronces. Et l'astre désormais a beau luire, le bouquet d'en haut a beau s'éclairer, des voix plus émues, des blancheurs plus légères ont beau en sortir et inviter ; on regarde d'en bas d'un air incrédule, on ne veut risquer aucun essor, et l'on s'interdit ce que tout inspire ! » — Ce dernier mot la frappa, et, le reprenant avec un sourire moins triste encore que malicieux et tendre, elle s'en appliqua la vérité : « Eh ! bien, soit ! on ne veut plus risquer de monter, dit-elle. »

Ceci se passait dans son salon, et je dus la quitter pour sa toilette et quelque visite qu'elle avait à faire. Une demi-heure après environ, de retour au village et du bois où j'avais erré, je rentrai chez elle, et, ne l'y croyant pas encore revenue, j'allai dans le parc continuer à pas lents mon attente. Mais je l'aperçus elle-même au bout d'une allée du fond, pensive, arrêtée, et semblant contempler avec attention un effet singulier de lumière, qui, au milieu d'un paysage assez obscurci, illuminait juste le sommet d'une petite butte verdoyante et le bouquet d'acacias qui la couronnait. On était sur la fin d'avril, et il faisait un doux ciel de cette saison, à demi voilé en tous sens d'un rideau de nuages floconneux et peu épais, un ciel très-bas, légèrement cerné de toutes parts à l'horizon comme un dais enveloppé, mais diminuant d'opacité et de voile à mesure qu'on approchait du centre, et là seulement, tout-à-fait dégagé au milieu, à l'endroit où les rayons verticaux de l'astre avaient la force de percer ; un vrai ciel de demi-fête et d'espérances naissantes ; un de ces *ciels* comme on accuserait un peintre, qui le ferait, de le faire peu naturel et bizarre, et qui peut-être serait tel en peinture immobile, tandis que c'est un charme et une pure beauté au sein de la nature qui harmonise tout. Elle était donc à admirer le reflet de cette unique chute de lumière, et son jeu magique sur le petit tertre verdoyant ; et moi, j'accourus par derrière, et au moment où elle se retournait à

mon approche, je lui demandai vivement :
« Est-ce que vous voulez y venir ensemble ? »
— « Où donc ? dit-elle avec surprise. » — « Eh
bien! là-bas, sur la colline éclairée? répondis-je en la lui montrant; » et d'un mouvement rapide, comme saisie de l'à-propos,
elle me prit la main que je lui tendais, et
nous courûmes comme deux enfans pour
gagner l'endroit; mais, avant que nous fus-
sions à mi-pente, l'éclair du sommet avait
disparu.

Voilà bien, mon ami, voilà en abrégé toute
la fortune de l'erreur principale qu'il me
reste à vous conter. Je pourrais m'en tenir à
cette course déçue, comme emblème, pour
vous marquer que la tentative de passion
avorta; mais ce serait vous en laisser une trop
souriante idée, et j'ai à vous faire sentir de
près les efforts et l'impuissance d'atteindre,
les déchiremens et les ronces.

En toutes ces passions qui commencent, il
semble qu'il ne s'agisse que d'avancer sur une
pente légère; que, si l'on est las, on s'arrê-
tera toujours assez tôt; que ce qui est si gracieux à monter ne saurait être bien pénible à
redescendre; que ces mains, qu'on se donne

l'un à l'autre, ne sont pas des nœuds ni des chaînes, et qu'elles pourront cesser à temps de se tenir, sans qu'il en résulte pour chacun des traces sanglantes. Il n'en est rien, et l'expérience l'apprend trop vite aux imprudentes âmes. Quoi qu'on en juge d'abord, toutes ces liaisons à l'accès riant, toutes ces épreuves de tendresse nous sont rudement comptées; elles ne se succèdent pas en nous impunies; si l'engagement est léger, le changement est accablant et amer; quand l'essai rompt, la marque demeure et fait cicatrice avec souffrance ou endurcissement. Passé un certain nombre très-petit d'images premières, le cœur devient un miroir tout rayé où les objets les plus heureux ne se réfléchissent plus qu'à travers un réseau ineffaçable.

Il était un souvenir contre nous, qu'elle et moi ne pouvions abolir, mais que nous évitions d'éveiller, le souvenir d'une amie absente et trahie. J'en trouvais en mainte occasion Mme R. sensiblement occupée et comme empêchée à mon égard, non-seulement par scrupule et reproches d'amitié infidèle qu'elle devait s'adresser, mais aussi par crainte que, malgré toutes mes avances, je ne fusse lié en effet ailleurs. Un soir, qu'après un chant de romance ossianique sur la harpe (le chant fait courir aux lèvres les secrets de l'âme), elle s'approchait de la fenêtre ouverte où j'étais debout, et, du doigt, me montrait au ciel une étoile brillante, je lui demandai si elle voulait être la mienne et guider ma vie. — « A quoi bon le demander, me dit-elle, si c'est à une autre que cela dès long-temps est accordé ? » Mais, reniant alors Celle qui n'aurait jamais dû s'éclipser en moi, je déclarai qu'il n'y avait point eu jusque-là de telle étoile dans ma nuit, et que personne n'avait accepté de me verser cette lumière, bien que je l'eusse tant cherché. Pendant qu'elle écoutait avec un regard inexprimable, un vif rayon (était-ce d'orgueil ou d'amour ?) semait de lueurs nouvelles son front moite et douloureux ; mes instances et mes sermens redoublèrent ; je reniai encore ; en face et plus près du mien, son doux œil noyé luisait d'une seule larme... l'étoile au ciel ne se voila pas ! — A partir de ce jour, je l'entretins directement de ce qu'elle m'inspirait. Mes aveux remontèrent au passé. Je lui racontais, moyennant de certaines omissions, mes longs combats à son sujet, et cette lettre écrite un soir, au fort de la crise de Georges : « Je me sentais si malheureux alors, lui disais-je, et si peu aimé à mon gré, que j'avais hâte de mourir. » Pour diminuer ses craintes de rivalité en les portant sur plus d'un point à la fois, pour lui montrer que précédemment j'avais toujours été plus partagé d'affections qu'elle n'avait cru, je lui révélai quelque chose de mon attache à mademoiselle de Liniers, mais comme d'un nœud tout-à-fait détruit. Elle aimait à écouter et suivait mes récits avec une finesse ingénieuse et patiente, heureuse évidemment de l'influence conquise, exprimant son triomphe par un fréquent et malin sourire, et plus flattée même de ce genre de confiance qu'il ne convenait à l'amour. C'est que, malgré un fond mélancolique et cette langueur pleine de promesses, elle n'était pas une nature naïve où l'amour seul pouvait tout. Si, dans les allées du parc ou au retour de quelque soirée, marchant avec elle un peu à l'écart, je lui murmurais mille fois le mot qu'elle m'avait permis de dire, et lui serrais une main qui ne se retirait pas, elle était la première à s'étonner, à être surprise d'elle-même, et de son changement si prompt, et de sa docilité à un tel langage. Là où une autre, en proie au sentiment que j'exprimais, eût été muette ou balbutiante, elle avait le loisir de se regarder et de s'observer jusqu'au sein du trouble. A chaque pas furtif où je l'induisis, elle se rendait compte aussitôt et se mettait au point de vue du dehors, se comparant sans cesse à ce qui l'entourait, touchée, attendrie sans doute, mais non pas subjuguée. Aux aveux les plus pressans et les plus faits à provoquer l'abandon, elle ne répondait que par des traits sentis, mais discrets et rares. Elle avait été aimée, une fois, d'une grande passion, du moins quelques mots d'elle le faisaient entendre; mais elle se taisait obstinément sur les particularités et l'issue. Son mari s'était-il éloigné à cette occasion? Les premiers torts, en ce refroidissement singulier, partaient-ils de lui ou d'elle? Je ne pénétrai rien de clair sur cette histoire. Quant à lui, il passait assez souvent à Auteuil, dans ses retours de Saint-Cloud, où il accompagnait son ministre; il venait dîner une ou deux fois la semaine, et toujours dans de parfaites, mais froides apparences. J'étais bien avec lui, quoique sans intimité, et il ne semblait ni surpris ni choqué de nos rencontres.

Et qu'était devenue ma foi aux choses de Dieu, la foi qui tout précédemment en mon cœur s'annonçait comme renaissante? Qu'elle était loin, en fuite et au néant, chassée sans plus de bruit qu'une ombre! A certains momens d'intervalle paisible ou morne dans la vie, il n'est pas rare qu'il s'élève et se forme autour de nous comme une atmosphère religieuse, et qu'une espèce de nuage nourricier s'assemble et s'abaisse aux environs. On y baigne, on le sent déjà qui arrose; les jeunes rameaux s'ouvrent et boivent aux sucs invisibles. Mais que vienne la tempête, ou seulement une bouffée trop hardie du printemps, un flot plus ardent du soleil, et voilà la nuée dissoute et balayée. Ainsi mes sentimens avaient fui. La foi durable et vivante se compose de l'atmosphère et du rocher, et je n'avais eu que l'atmosphère.

L'étude malgré tout renouée, un ou deux cours sérieux dont je suivais les leçons, assez de lectures au hasard, mais principalement philosophiques, sauvaient chaque matin quelques heures de la dissipation des journées. Dès mon lever pourtant, d'ordinaire, dans cette première fleur du désir, j'écrivais pour madame R. une lettre à la Saint-Preux, que moi-même je lui remettais plus tard; et quoiqu'il n'y eût aucune difficulté de nous voir ni de causer, j'avais plaisir à ne lui rien laisser perdre du frais butin que j'amassais dans la courte absence, et de toutes ces perles folles que secoue, en le voulant, une imagination tant soit peu amoureuse. A ce collier des perles du réveil, à ce bouquet cueilli des matinales pensées, succédaient des diversions plus graves, le Jardin des Plantes, le Collége de France, la bibliothèque de Sainte-Geneviève. Vers deux heures seulement, quitte du *Novum Organum* ou des récens écrits de Bichat, des *Sentimens moraux* d'Adam Smith ou des *Entretiens métaphysiques* de Mallebranche, je raccourais à la maison de la Chaussée-d'Antin ou d'Auteuil, vers cette Herminie pensive que je comparais à celle du Tasse, dont en effet elle portait le nom; son caprice, pour le reste du temps, disposait de moi. Souvent nous restions au logis, même par les plus engageans soleils de mai; elle aimait peu la campagne, quoiqu'elle se hâtât d'y être, et quand j'arrivais, ayant parfois déjà dîné, je la trouvais encore, les pieds assoupis, les sourcils doucement obscurs, ses demi-jours baissés et dans les voiles du matin. Mais ce n'était pas, comme chez madame de Couaën, une vague et montante rêverie, dont un lac mystérieux pouvait seul donner l'image. En y regardant mieux, chez madame R., cette langueur se composait d'une multitude de petites tristesses positives, de petits désirs souffrans et de piqûres mal fermées sur mille points. Elle avait regret au monde, elle portait envie aux situations entourées d'hommages; elle jugeait la sienne médiocre et trop inférieure à celle de tant d'autres à qui elle avait tout droit de s'égaler. Naturellement peut-être, et si elle s'était vue dès l'abord plus consolée dans ses affections, elle aurait moins ajouté de prix à ces vanités d'apparence; mais leurs misères avaient eu le temps de filtrer goutte à goutte dans sa solitude, comme les pluies à travers un toit peu habité, et elles y avaient creusé de lents sillons et des taches humides. Du seuil de cette vie de silence et d'ombre, elle était donc secrètement jalouse de se produire, de regagner son rang de jeunesse et de beauté. Aux parades militaires, aux spectacles et aux soirées, où peu à peu, et de plus en plus, nous allâmes, je lui voyais des velléités de s'épanouir, comme à la fleur étiolée qui croit reconnaître une aurore dans chaque lumière tardive. Mais ses longs matins restaient assiégés des habituelles et trop chétives douleurs qui corrompaient pour elle plus d'une vraie jouissance. J'attribuais d'abord au seul manque d'amour ce voile de vapeur qui, à certains jours, ne se levait pas; bientôt j'en discernai mieux tous les points serrés et la trame moins simple.

Les débats du procès de Georges allaient s'ouvrir. Je m'étais bien promis, et à nos amis de Blois, d'y assister; c'était même le prétexte allégué pour mon séjour. Je ne saurais vous dire par quel frivole enchaînement je ne le fis pas. Je manquai la première séance plutôt que de retarder ma visite à Auteuil et une sortie avec madame R. Ainsi de la seconde fois et des suivantes, jusqu'à ce qu'enfin il y eut en moi une sorte de parti pris par inertie et par honte. Je me le reprochais comme une lâcheté de cœur et une ingratitude; il me semblait que je faussais un rendez-vous d'honneur. Il fallut pour rompre cet inexplicable éloignement, que madame R. elle-même désirât assister à une séance et me requit d'autorité pour l'y conduire. Nous

tombâmes précisément le jour des plaidoyers.
Quoiqu'elle apportât tout l'intérêt de compassion que les femmes mettent d'ordinaire à ces sortes de drames, ce n'était pas dans cet esprit de curiosité un peu vaine et dans cet accompagnement mondain que je m'étais juré de venir recueillir les derniers actes de mon ami, de mon général, comme je l'avais nommé. Les discours des avocats furent sans grandeur et au-dessous du rôle; celui du défenseur de Georges surtout me sembla petit de subterfuges. Georges le subissait évidemment avec une résignation chrétienne qui comprimait l'ironie. Mais le spectacle de cette triple rangée d'accusés était solennel et relevait tout ; ma pensée y errait ; Georges en tête du premier rang, Moreau en tête du second, le cadavre absent de Pichegru, sur qui la conjecture alors ne s'épargnait pas, d'Enghien massacré, c'était là un sinistre concours. Quelle proie royale et guerrière tombée dans un même filet ! Quel groupe chargé seul des sorts funestes, quand de partout ailleurs s'apprêtait l'Empire et qu'on regorgeait d'heureux augures et de messages fastueux ! Je me figurais cet Empire naissant, comme un grand Carrousel, un

Champ-de-Mars illimité, par-de-là l'arène consulaire; et à l'entrée de cette carrière nouvelle, en passant par l'arc triomphal massif qui servait de porte, le Consul-Empereur se trouvait en ce moment sous une voûte obscure et resserrée, et il s'y arrêtait assez de temps pour laisser écraser, à droite, à gauche, par ses licteurs, et sans avoir l'air de l'ordonner, toutes les têtes gênantes, tandis que le cortége et lui-même allaient sortir plus radieux aux acclamations de la multitude. Il y a ainsi, mon ami, des voûtes obscures, étroites, commodes aux violences qu'elles couvrent et qu'elles semblent commander, des voûtes aisément sanglantes, qui font le dessous des arcs de triomphe sur le passage des ambitions humaines; et c'est par là qu'entrent et se poussent fatalement tous les Césars !

Quand l'avocat de Georges eut fini, l'accusé se leva pour lui tendre la main et le remercier de ses efforts; mais au même moment, nos regards, qui jusque-là ne s'étaient pas échangés, se rencontrèrent, et, Georges prolongeant ses remercîmens et son geste dans la direction de son avocat, qui était la mienne, je pus croire qu'il m'en revenait une part et que c'était un adieu reconnaissant. Tout suffoqué, je tirai à moi madame R., et nous sortîmes. Je ne revis Georges que cette fois-là.

Et cependant madame R. brusquait à tout propos un deuil politique qu'elle comprenait peu. Je dus assister quelque temps après avec elle à la première grande fête impériale qui eut lieu aux Invalides. Elle inclinait vers ces pompes de l'Empire, elle essayait par degrés de m'y réconcilier, et je l'entrevoyais déjà ambitieuse pour moi dans le même esprit qu'elle l'était pour elle. La vertu politique s'attiédit vite au souffle d'une bouche qui parle à demi-voix. Mais comme c'était le moment où retentissait encore sur le pavé de la Grève la tête de Georges et des siens, je ressentais, en y songeant, une confusion douloureuse et de vifs élans contre ma faiblesse. D'autres troubles s'y joignaient. Je reçus vers ce temps des nouvelles, qui m'émouvaient toujours, de mademoiselle Amélie et de sa grand'mère. Je les eus par une de leurs connaissances de campagne en Normandie, qu'elles m'adressèrent, un homme de dix ans au moins mon aîné, mais avec qui me lia du premier jour une conformité périlleuse de penchans et d'humeur. Il venait à Paris sans but apparent, mais en effet pour une passion dont il poursuivait l'objet, d'ailleurs peu rebelle. C'était une âme charmante et pour qui la nature avait beaucoup fait, d'une sensibilité affable et prompte à s'offrir, d'une première fleur en toutes choses, un peu mobile, légèrement gâté, non pas au fond, par la fortune et les plaisirs ; il avait été de la *jeunesse dorée* et de ses folles ivresses ; mais aimable, exquis, rompu au monde, sachant les lettres aussi et versifiant même délicieusement ; un mélange enfin de tendresse facile et d'esprit français du meilleur temps, avec des ouvertures de cœur singulières vers la religion. Il m'allait à merveille et je lui convins ; nous en fûmes vite aux confidences. Je lui dis mes perplexités ; il y entrait avec un intérêt plein de fraîcheur, et comme il sied à une amitié qui ne veut pas rester fade, même à côté de l'amour ; il jetait dans mes sentimens embarrassés des mots pénétrans avec sa supériorité d'expérience. Cette liaison et cet exemple ne furent pas sans influence sur moi, et m'enhardissaient près de madame R.

Mais je ne parvenais pas, quoi que je fisse, à affranchir ma pensée de l'exil de Blois. Tous les deux ou trois jours, en revoyant au petit couvent madame de Cursy, quand je l'entendais, inquiète et bonne, m'entretenir, comme d'habitude, de la santé et des mérites de sa nièce, ne doutant pas que je ne fusse le même, quel reproche cruel ses confiantes paroles étaient à mon inconstance! Chaque lettre qu'il me fallait leur écrire ou que je recevais d'eux, ou que madame R. aussi recevait parfois, remettait en mouvement cette corde fondamentale dont la plus faible vibration éteignait en moi tout le reste. Je leur parlais du procès de Georges, comme y assistant; mais ne pouvant en aucun cas exprimer par lettres mes libres sentimens à ce sujet, j'avais le droit d'être sommaire. Souvent, au milieu des démonstrations factices, il m'échappait, en écrivant, des signes d'affection en détresse et des appels bien sincères. Cela m'arrivait surtout à la suite de cette comparaison inégale qui s'établissait malgré moi entre les deux âmes, et à l'idée des manques fréquens, et de ce je ne sais quoi de médiocrement profond et de frêle, que je découvrais déjà chez madame R. Combien de fois, revenant, le soir, des quartiers bruyans avec l'aimable ami, confident trop complice de mes détestables progrès, sur ce Pont-des-Arts, alors tout nouveau, où nous nous séparions, je m'écriai en lui désignant l'absente : « Ah! c'est Elle, c'est Elle encore que j'aime le mieux, et qui saurait le mieux aimer ! »

XVII.

Il y a un amour qui aime l'oubli, le silence, les bois, ou indifféremment un lieu solitaire quelconque, dans la présence ou dans la pensée de l'être aimé. Que lui importent, à cet amour vrai, l'ignorance où l'on est de lui, les discours ou l'insouciance du monde, ses interprétations malignes, l'admiration du vulgaire ou les compassions fausses des égaux, les rivaux en gloire qui disent de l'amant qu'il s'alanguit et s'évapore, les rivales en beauté qui insinuent de l'amante qu'elle dépérit secrètement dans l'ennui et l'abandon? Que lui importent les soirées tourbillonnantes du plaisir, les midis resplendissans au gré du clairon des victoires, les spectacles toujours renouvelés où s'égare la curiosité de l'esprit ou des yeux? S'il est ignoré des autres, cet amour est compris et a sa couronne dans un cœur. S'il ignore le reste, il lit tout une science infaillible dans son abîme chéri. S'il se fixe durant des saisons, sans bouger, devant un regard, il y voit naitre et passer des bois et des sources étincelantes et des paradis d'Asie. S'il fait un pas, s'il voyage, tout également s'enchante, mais parce qu'il voit tout à travers une même larme. Il ne m'a pas été donné de ressentir un tel amour, mon ami; mais il m'a été donné d'en savoir plus d'un trait et d'y croire. Deux amans qui s'aiment de véritable amour, a écrit un être simple qui avait le génie du cœur, au milieu du monde et des choses qui ne sont pour eux qu'une surface mouvante et sans réalité, ressemblent à deux beaux adolescens, aux épaules inclinées, les bras passés autour du cou l'un de l'autre, et regardant des images qu'ils suivent nonchalamment du doigt; ce ne sont pour eux que des images. Un tel amour existe. Dieu a permis qu'il s'en rencontrât çà et là des exemples sur terre; que quelques belles âmes en fussent atteintes, comme d'une foudre choisie qui éclate sur les temples par un temps serein. Il en est sorti de bien tendre et souvent douloureux prodiges. Car ces célestes amours ne tombent que pour remonter bientôt, au risque sans cela de se perdre et de s'altérer; ils ne naissent qu'à condition de mourir vite et de tuer leurs victimes. Rémission soit faite par vous, Dieu du ciel, à vos créatures consumées !

Mais il est un autre amour plus à l'usage des âmes blasées et amollies, et qui usurpe communément le nom du premier; vain, agréable, mêlé de grâce et de malice, qui s'accommode et aspire à tous les raffinemens de la société, et n'est qu'un prétexte plus ingénieux pour en parcourir les jouissances, un fil de soie tremblant et souvent rompu à travers le dédale du monde. Cet amour-là n'ignore rien d'à l'entour; il s'inquiète, il épie au contraire, il frissonne et flotte au vent du dehors. Il préfère se montrer à être, et faire illusion ou envie aux autres à se posséder en effet. Au lieu de ne voir en tout que des images, il n'est lui-même qu'une image mobile, qu'il étale et promène devant d'autres plus ou moins pareilles qu'il se pique d'égaler ou d'effacer.

Hors des regards de la foule et des occasions agitées, ne le cherchez pas! il désire sans but, il invente misérablement, et, se supportant mal, s'ingénie à se distraire. Sève, torrens et flamme, rajeunissement perpétuel d'une même pensée, ardeur ennoblie de sacrifice, oubli criminel même, mais éperdument consommé, il ne vous connaît pas! il n'est pas de l'amour.

Malheureuses sont les âmes que cette démangeaison appauvrit et ronge! Plus malheureuses encore celles qui, faites pour concevoir l'autre amour, et sentant quelques vraies étincelles, ne les gardent pas ; qu'un éclair soulève comme une poussière électrisée, et qui retombent; en qui pourtant les soucis médiocres et secondaires n'excluent pas un souvenir errant de la région brûlante! Ce souvenir les suit et les contriste au sein des inquiètes vanités ; ces vanités les ressaisissent au début des projets meilleurs. Elles veulent aimer, elles veulent se faire croire l'une à l'autre qu'elles s'aiment, et elles ne le peuvent. Madame R. et moi, nous étions un peu de ces âmes.

Elle surtout, si je l'ose dire. — Je voudrais vous la peindre au complet sans faire injure à sa douce mémoire, et j'y parviendrai avec justice pour sa sensibilité et tant de vertus aimables, si je sais être narrateur fidèle. Ce qui me piquait le plus de sa part, après ses premières tristesses vaincues et sous son évidente satisfaction de captiver et de plaire, c'était quelque chose de timoré, de méfiant, de dissimulé par habitude et par crainte, un calice qui doutait de ses parfums, une tige qui doutait de tous zéphirs, une source long-temps contrainte et restée avare. Si je la suppliais de répondre à mes lettres, qui s'entassaient entre ses mains, par quelques pages familières et épanchées, elle me le promettait et le faisait à peine. Mais je découvrais qu'elle détruisait presque tout ce qu'elle avait d'abord écrit dans un moment de passion ; elle déchirait chaque matin au réveil ses billets d'après minuit. Un jour, j'en surpris un, non achevé, et le lui arrachai de force ; c'était exalté et comme délirant. Mais le sang-froid revenait vite et resserrait tout. Le peu qu'elle me donnait de ces billets, elle trouvait un moyen encore de me les retirer au fur et à mesure sous quelque prétexte. J'obéissais en frémissant et rougissais pour elle autant que pour moi de ce mesquin affront. Soit sentiment de sa faiblesse et prévoyance de vertu, soit apprêt de coquetterie, soit plutôt mélange indéterminé de tout cela, elle me refusait constamment la facilité des entrevues en des lieux sûrs et sans témoins. Nous étions bien libres de longue causerie à la campagne; sa tante nous gênait peu; mais à Paris nous étions moins à nous. Il lui arrivait souvent de me faire faute au sujet des sorties que nous arrangions ensemble. Le commencement d'ordinaire allait bien, nous nous rencontrions; mais, entrée seule quelque part pour une visite, au lieu de reprendre ensuite le coin où je l'attendais, elle m'esquivait par un autre. Étant venus un jour au petit couvent chez madame de Cursy, comme nous passions devant ma chambre, je voulus la lui montrer; mais elle s'y opposa, en laissant voir un soupçon obstiné et irritant : madame de Couaën, innocente et large de cœur, y serait mille fois entrée. En revanche, madame R. semblait pleine de confiance, d'abandon et presque de fragilité, là où nous n'avions qu'une minute rapide, à la traversée d'une chambre dans une autre, au détour d'un bosquet de Clarens, ou sur un seuil où il fallait se séparer. Si je lui reprochais ces contradictions blessantes, elle en convenait, accusant sa nature trop faible et insuffisante pour le bien comme pour le mal. Mes lettres passionnées lui étaient chères ; elle se demandait en les relisant, disait-elle, si elle en était digne ; elle s'avouait fière du moins de les inspirer ; et elle en était fière en effet vis-à-vis d'elle-même, plutôt encore que naïvement comblée et heureuse. Mais son affection avait aussi des accens de bien simple langage. Elle souhaitait presque que je fusse malade, assez pour être au lit, sans danger pourtant : Oh ! comme elle me soignerait alors elle-même de ses mains ! comme elle me prouverait son dévouement sans contrainte ! Madame R. était bien touchante et pardonnée, quand elle disait ces choses, le front soyeux et tendre, penchée sur ses pâles hortensias.

— « Où couriez-vous tout-à-l'heure ? me disait-elle un soir que, ne l'ayant pas vue de la journée, j'avais couru d'abord, en entrant, dans le parc où elle était, mais vers un bosquet où elle n'était pas, passant assez près d'elle sans l'apercevoir ; où couriez-vous donc ainsi ? » — « J'avais aperçu là-bas, répondis-je, une forme fine et blanche dans l'ombre, et je croyais que c'était vous ; mais ce n'était qu'un lys ; — un grand lys, — que, d'ici, voyez, à sa taille élancée et à sa blancheur dans le sombre de la verdure, on prendrait pour la robe d'une jeune fille. » — « Ah! vous cherchez maintenant à raccommoder cela avec votre lys, s'écriait-elle vivement et d'un air de gronder ; je veux bien vous pardonner pour cette fois d'avoir passé si près sans m'apercevoir. Mais prenez garde! celui à qui pareille faute arriverait deux fois de suite, ce serait preuve qu'il n'aime pas vraiment: il y a quelque chose dans l'air qui avertit. » —Plus tard, en hiver déjà, comme un soir je l'avais suivie de loin, au sortir d'une maison d'où on la ramenait sans que je dusse l'aborder, elle me dit le lendemain qu'elle m'avait bien reconnu. — « Et comment, lui demandai-je, sous mon manteau, à cette distance et dans l'ombre ? » — « Oh ! je ne m'y trompe pas, moi, repliquait-elle; je ne vous ai pas vu, mais je vous ai senti! » —De tels mots, comme vous pouvez bien croire, rachetaient en moi l'effet de bien des médiocrités. Je les racontais à mon nouvel ami, arbitre sûr en ces gracieuses matières. Il me montrait en échange des lettres humides encore du langage dont s'écrivent les amans, et je rapportais de ces conversations sensibles, toutes pétries de la fleur des poisons, un surcroît de chatouillement et une émulation funeste.

Madame R. m'entraînait sans peine aux fêtes militaires, aux cérémonies de cet hiver du Couronnement où nous entrions, et qui fut si radieux. A la vue de ces groupes d'élite, de tant de jeunesses héroïques et fameuses, il m'était clair qu'elle aurait désiré et aurait été flattée que j'en fusse. Elle me citait des noms illustres de mon parti qui avaient cessé de dédaigner ce service de périls et d'honneur. Les saluts légers que les sabres nus adressaient, en défilant, aux femmes des estrades et des balcons, nous allaient au cœur. Pourquoi n'étais-je pas là en bas pour passer aussi à la tête des miens, déjà décoré et glorieux, pour la saluer de l'éclair de l'épée, et pour qu'elle me reconnût et me montrât d'une main sans effort qui prend possession, d'un geste qui veut dire à tous, *il est à moi !* J'étais ébranlé ; je rongeais mon frein, comme un coursier immobile qui entend des escadrons : — « Oh ! avant ces derniers événemens, répondais-je, que c'eût été là ma place et mon vœu ! mais après, maintenant, comment est-ce possible ? Après d'Enghien, — après Georges, — jamais ! » Et je baissais la tête comme un vaincu obscur; elle gardait le silence, et le reste de la fête se passait jalousement. Au théâtre, à la représentation des opéras les plus recherchés, c'était de même. Moi, j'y aurais volontiers été heureux; mais, elle, témoin des élégances et des triomphes de son sexe, voyant quelquefois une salle entière se lever et applaudir idolâtrement à l'arrivée tardive des femmes, Reines alors de la beauté, elle tombait à son tour en jalousie et en tristesse. Au lieu d'être à nous seuls et enivrés dans ces loges étroites où sa tante, bien que présente, nous interrompait à peine, et qui semblaient comme une image exacte de notre situation en ce monde, isolés que nous étions, à demi obscurs, pas trop mal à l'aise et voyant sans être vus, — au lieu de cela, nous nous regardions avec souffrance et des pleurs d'envie qui n'étaient pas pour nous. Était-ce donc là de l'amour?

Ce n'était guère de ma part qu'un goût vif, né de l'occasion prolongée, d'une convenance apparente, et de ce projet que je formais, hélas! de ne plus dédoubler mon âme et mes sens; c'était de sa part une langueur affectueuse assaisonnée de vanité. Nous n'avancions qu'à l'aide de mille pointes et de ces ruses qui aiguisent, tiennent en haleine et harcèlent. Dans les bals, elle se plaisait par momens à me donner des craintes de rivalité et des impatiences. Une fois, au mariage d'une de ses parentes où elle m'avait fait inviter, elle s'entoura bruyamment, toute la nuit, de jeunes gens et de cousins de province, jouant la reine de ces lieux. Quoique j'eusse facilité entière pour la visiter ou l'accompagner chaque soir, nous avions imaginé, par quelque réminiscence romanesque, que je serais régulièrement à minuit sous une de ses fenêtres qui donnait dans une rue peu fréquentée, et que là, penchée une minute à son petit balcon, elle me jetterait quelque adieu, un geste, un billet au crayon ou le bouquet de son sein. Je ne manquais pas au rendez-vous, et veillais sous cette croisée en sentinelle opiniâtre, par la neige ou la pluie et toutes les lunes du ciel, immobile ou rôdant, objet suspect pour les rares passans, qui s'écartaient de mon ombre avec prudence. Le plus souvent donc, l'ayant quittée vers onze heures, je la retrouvais là bientôt après. J'avais suivi, durant l'intervalle, les moindres mouvemens de lumières dans la maison, et la sortie des visiteurs, et sa demi-heure d'étude solitaire sur la harpe, comme un prélude au lever de l'étoile d'amour; j'avais saisi des sons même du chant de sa voix, et son ombre, et celle de sa femme de chambre qu'on devinait s'agitant autour d'une chevelure dénouée, et ce coin de rideau entr'ouvert par où elle s'assurait, un peu avant, de ma présence. Mais, à peine apparue et saluée, et le gage tombé de ses mains, je lui faisais signe de rentrer sans plus de retard, à cause du froid de la saison. Sa vitre alors se refermait; il ne restait à mes yeux que son toit tout blanc de neige ou de rayons, et le tremblement de l'ardoise argentée. D'autres soirs pourtant elle oubliait, je pense, un peu à dessein, que j'étais là; son étude de harpe durait bien long-temps, et les sons, qui jaillissaient avec plus de prodigalité et d'éclat, semblaient d'en haut insulter à mon attente. Il lui arriva même, une ou deux fois que je ne l'avais pas vue de la journée, de ne pas du tout paraître, comme si ce n'avait pas été convenu; et moi, dans mon acharnement, j'attendais toujours. J'avais comme gagné, à force de marcher le long de ce mur, la stupidité d'un factionnaire qu'on ne relève pas. Mes pieds retombaient imperturbables sur les mêmes traces ; mais je ne savais plus à quelle fin j'étais dans ce lieu. Puis, me le rappelant tout d'un coup, et voyant sa lumière éteinte, la colère, l'indignation contre ces ruses cruelles ou contre un oubli non moins outrageux me bouleversaient ; je rêvais, par ce balcon trop inaccessible, quelque moyen d'invasion prochaine, et m'en revenais à travers tout Paris, la tête agitée de projets entreprenans et d'escalades violentes. Oh ! l'ardeur d'âme noblement exhalée ! ne trouvez-vous pas ? Quel hiver glorieux ce fut, et quel couronnement de ma jeunesse !....

Cependant je n'avais plus aucune excuse auprès de mes amis de Blois pour prolonger à Paris ce séjour sans interruption. Dans une des lettres que le marquis m'écrivait (car depuis quelques mois c'était lui qui écrivait plutôt qu'elle), il disait : « On craint ici que vous ne nous négligiez un peu, mon cher Amaury : madame de Couaën vous accuse d'être facile aux habitudes nouvelles, et je me demande moi-même si madame R. ou quelque autre accueil aimable ne nous a pas supplantés près de vous. » — En recevant ces mots, j'aurais voulu partir, donner huit jours au moins au passé, à l'amitié veuve, aux regrets et au soutien d'une illusion croulante, à la réparation trop incomplète d'un mausolée sacré. Mais madame R. restait principalement en garde sur ce point: c'était un ressort qui, à peine touché, resserrait en elle toutes les langueurs et les sourires, tendait brusquement toutes les méfiances. Huit jours à Blois eussent reculé et anéanti l'effort de mes huit mois parjures. Si seulement elle me voyait triste d'une certaine tristesse, elle soupçonnait cette cause, et devenait à l'instant d'une altération de ton et d'une aigreur singulière. Je remettais donc chaque jour d'ouvrir la bouche sur ce court voyage, et je n'osais jamais.

Il y avait un an bientôt qu'ils avaient quitté Paris. Il y en avait déjà deux que, sortant pour la dernière fois de la Gastine, j'avais demandé, en langage embarrassé et couvert, à mademoiselle Amélie, ce terme de deux ans pour voir clair dans ma destinée et me résoudre sur les futurs liens. J'apprenais qu'elle devait venir prochainement passer quelques semaines chez une amie de sa mère. Qu'allais-je avoir à lui dire, et comment masquer tant de confusion? Quelle clarté si nouvelle avais-je donc acquise durant ces deux années? Quelle ouverture avais-je pratiquée à travers les choses? Une volonté vacillante et bégayante, plus inarticulable que jamais; une situation plus fausse et plus déloyale, non-seulement vis-à-vis d'elle, mais envers deux autres cœurs également blessés! Pas un acte d'énergie, pas une direction tentée en vue du bonheur d'autrui ni du mien, pas une droite issue! Noble jeune fille qui, debout, sans vous lasser, si fermement enchaînée au seuil d'une première espérance, ressembliez à une jeune Juive, au bord d'une fontaine ou d'un puits, les mains dans vos vêtemens, attendant que le serviteur peu fidèle revînt placer sur votre tête l'urne pesante, ou déjà ne l'attendant plus, mais restant, regardant toujours, n'appelant jamais, jamais importune, même dans le plus secret désir, appuyée sur votre gentille Madeleine qui grandit moins folâtre et qui n'a pas surpris une seule de vos larmes! ô sublimité simple de la volonté et du devoir! quel retour il se faisait en moi-même, chaque fois qu'ainsi vous m'apparaissiez! Il me semblait en ce moment que, malgré le terme échu des deux années, et quand je devais me prononcer sur son avenir, ce

n'était pas d'elle encore que m'entretenait cette personne de sacrifice, ce cœur voué au service des autres et à son propre oubli ; c'était de madame de Couaën, et des reproches et des hontes de cet abandon, c'était de cette vive peine que me parlait le plus le souvenir de mademoiselle Amélie. Je ne lui prêtais, croyez-le, que des pensées dignes d'elle ; j'interprétais ce qu'elle sentait en vérité, ce qu'elle aurait senti si elle avait tout su; je croyais par momens l'entendre qui me disait :
« Ah! pour elle, du moins, pour elle, je ne
» me fusse plainte jamais de mon délaissement,
» je n'eusse point rougi de vous, ô mon ami ;
» mais elle aussi quittée, elle aussi peut-être
» en proie à mes douleurs! Ah ! pitié pour ce
» sein maternel qui n'a pas de place à cacher
» de telles angoisses, pitié pour ce front d'é-
» pouse qu'aucune ombre suspecte ne doit
» obscurcir! Oubli sur moi, pitié et bonheur
» pour elle, si j'ai encore quelque droit! »

Dans les dernières lettres du marquis, il était plus question de la santé de sa femme, et les expressions de vague crainte s'y reproduisaient fréquemment. Madame de Cursy m'en parlait sans cesse, et sa petite communauté priait pour la chère absente. Le nom de madame de Couaën, prononcé par hasard dans le monde que je voyais, m'était devenu une cuisante épine et un supplice. Plusieurs fois, des personnes qui nous avaient aperçus l'an dernier toujours ensemble, s'informaient où en était aujourd'hui une amitié si inséparable, et souvent, quand j'arrivais dans une compagnie, j'entendais qu'on adressait tout bas cette question à madame R., laquelle, au reste, ne manquait pas de me le venir rapporter d'un certain air de dépit, et comme si je lui eusse valu un affront. Un jour, à un dîner chez elle, où il y avait bon nombre d'invités, la conversation générale s'étendit sur madame de Couaën. Une dame qui l'avait rencontrée, en passant récemment à Blois, disait qu'elle était à ne pas reconnaître, fort maigre, et d'un moment à l'autre très-pâle ou avec des plaques vives aux joues. Je restai fixe et consterné à ces détails. Madame R. s'était levée sous un prétexte, et avait quitté la chambre. En rentrant, elle me trouva le visage tout noyé et luttant avec des pleurs que je m'efforçais de dérober aux convives. Quelques instans après, comme on passait au salon, elle s'approcha de moi et me dit dans un éclair irrité : « Oh ! vous l'aimez bien ! » En ces momens jaloux, le plus subit changement se faisait en elle; ce n'était plus rien du nom d'Herminie; à la soie onctueuse et cendrée de son front, à l'ivoire mat et tiède de sa joue, succédait une légère et dure verdeur comme métallique. Ses lèvres avaient des accens clairs et vibrans, le rire lui sortait d'un gosier moqueur; elle fut d'une coquetterie folle toute cette soirée. Je ne pouvais mieux la comparer alors qu'aux malicieux sphinx de bronze que je vous ai dit. Je le lui écrivais à elle-même le lendemain; je me justifiais de mes pleurs, et m'attachais à lui prouver que celui-là ne serait pas digne d'elle, qui en ma place, ne les eût pas sentis déborder. Elle en convenait sans peine, et se désarmait, et reprenait les molles couleurs. Mais la confiance vraie ne se rétablissait pas à fond, ou plutôt elle ne fut jamais, en aucun temps, établie entre nous.

XVIII.

Perplexités, mon ami, que je ne puis vous rendre, si vous-même n'y avez point passé, qu'il ne faut point mesurer à l'étendue des motifs apparens, et que compliquaient encore ces tristes consolations souillées, dont l'effet immédiat attaque si directement la volonté à son centre ! Vie tiraillée et nouée dans les plus sensibles portions de l'être ! Embarras paralysant d'une nature née pour le bien, d'une jeunesse qui s'est prise au piége, en voulant illégitimement aimer, et qui ne sait plus aboutir en vertu franche ni en désordre insouciant et hardi ! Agonie, rapetissement, et plainte des âmes tendres déchues ! Oh ! j'ai bien connu cette situation fausse et son absurde profondeur, ces dégoûts de tout qu'elle engendre, cet embrouillement inextricable qui meurtrit bientôt sur tous les points un cerveau jusque-là sain, net et vigoureux, cet échec perpétuel au principe et au ressort de toute action, cette lente et muette défaite au sein des années vaillantes ! C'est comme un combat qui se livre incessamment en nous sans pouvoir se trancher d'un côté ni de l'autre, et l'âme en prostration, qui est le prix du combat, sert aussi de champ de bataille et subit tous les refoulemens contraires, et ne sait, à la fin de chaque journée, à qui elle appartient ! Ce sont de longues matinées, attachées et clouées à une même place, comme par une manie obstinée; sur un fauteuil, ou dans ses rideaux; la tête dans les mains, les yeux se dérobant, comme indignes, à la clarté du jour, et le visage caché dans un chevet; — plus d'étude, un livre ouvert au hasard, qu'on lit presque au rebours, tant l'esprit est ailleurs ! quelques gouttes de pluie qu'on écoute tomber une à une dans la cendre du foyer; de vrais limbes sous une lumière blafarde et bizarre; une inertie mêlée d'angoisse, d'une angoisse dont on n'a plus présens les motifs, mais qui subsiste comme une fièvre lente dont on compte les battemens. Et si l'on y repense, un éveil, un ébranlement confus de tous les obstacles, de toutes les difficultés et impossibilités, mais nulle issue, pas une ouverture pour rentrer dans la paix et l'équilibre, pour se replacer dans l'ordre en s'immolant à quelqu'un. Un flot lent qui soulève et remue au fond de nous toutes les étables d'Augias; aucun torrent qui les purge et les entraîne; — et nous, notre Ame; là devant assise, mais assise dans le supplice de Thésée, attendant, comme le paysan imbécile, que ce fleuve croupissant soit écoulé et tari ! Voilà où mène le séjour dans ces situations fausses auxquelles on condamne sa jeunesse : elles portent avec elles et en elles une expiation terrible. De telles misères sont bien à mépriser, mon ami ; mais il faut se le rappeler, si l'on était tenté d'en trop rougir et de s'en accabler d'une âme trop abattue, elles ne sont pas plus à mépriser que tant d'autres misères de notre faute et agonies méritées sur cette terre. Du côté du respect humain, qui veut de l'action à tout prix, du mouvement et du bruit jusque dans le mal, et qui rougirait de l'aveu de toute agonie, tandis qu'un Dieu a bien eu la sienne, il n'y aurait guère de secours ni d'allégeante parole à tirer : j'entends déjà les reproches durs et les risées des superbes que scandalisent de si abjectes faiblesses. Chrétiennement et aux yeux de Dieu, ces faiblesses, voyez-vous, ces sueurs tremblantes ne sont pas plus petites que tant d'actes et de résultats dont on se glorifie, que tant de triomphes menteurs qui se proclament, que ces enfers plus ardens des rivalités et des haines, que ces agitations extérieures ou secrètes des Whigs et des Torys de toutes sortes dans les divers étages de la fortune, des honneurs et du pouvoir. Devant Dieu, devant mes frères en Dieu, mon ami, je confesse mes langueurs, je les foule et les humilie en toute honte. Devant les autres faiblesses humaines qui feraient les fières, je les relève, ou du moins je soutiens qu'elles sont sœurs, et que dans les nôtres, si elles sont plus inactives et paralysées, c'est qu'il entre plus d'âme aussi, un reste de scrupule spirituel, un élément infirme qui n'a plus la force d'être bon, mais qui en a la conscience, qui empêche de passer outre, qui suspend et neutralise, qui, chassé de notre chair, se réfugie dans nos os, et nous brise, et gémit!

Je me serais pourtant décidé, je le crois bien, à partir pour Blois sans prévenir madame R. à l'avance, sans obtenir congé d'elle, et en écrivant simplement un soir que j'avais pris sur moi, malgré tout, de me condamner à cet exil de huit jours. Mais une lettre du marquis, cachetée en noir, me dispensa cruellement de plus d'effort; le marquis m'y apprenait la mort subite de son fils, et, muet sur la profondeur de sa blessure, il m'y parlait de sa femme et de l'état alarmant où ce coup l'avait réduite, me chargeant de réclamer pour lui une permission de retour et de séjour d'une quinzaine à Paris : il voulait la dépayser dans ces premiers instans de la douleur, et consulter aussi les médecins.

Je courus à M. D...., qui en fit son affaire près du ministre Fouché, et l'ordre fut expédié de la police en même temps que ma lettre d'annonce au marquis.

Cet enfant, que nos amis venaient si amèrement de perdre, était l'ainé de sa sœur; il avait au moins sept ans accomplis, étant né en Irlande même, à Kildare, avant l'arrivée en France des époux. Ses qualités précoces librement développées, et une pénétrante beauté intérieure faisaient de ce jeune Arthur un être rare, une créature doublement précieuse. D'une complexion blanche, aux yeux, aux cheveux noirs, le front aisément caressé des songes, d'un naturel très-réfléchi et très-sensible, il tenait de sa mère et de sa grand'mère, de cette lignée aimante des O'Neilly. Il était même empreint, au bas du cou, d'un signe de naissance que sa grand'mère seule avait eu, et dont sa mère n'avait pas hérité. Madame de Couaën m'en fit la remarque un jour qu'elle le déshabillait et l'embrassait sur ce signe avec émotion et respect. Sa jeune sœur, au contraire, toute Lucy qu'elle était et que sa marraine madame de Cursy l'avait appelée, resserrée et grave, taciturne plutôt que silencieuse, dédaigneuse encore plus que rêveuse, la prunelle bleue et la lèvre un peu haute, annonçait davantage ressembler à son père et sortir de cette souche antique des Couaën; qui avait long-temps creusé, obscure et solitaire, dans son roc, mais obstinée, vivace et forte. Ces deux enfans s'aimaient tendrement, et le jeune Arthur rendait à sa sœur une espèce de culte délicat et des égards même de chevalier et de poète. A Couaën, il lui tressait des couronnes dans les prés, au bord du canal, et se plaisait à l'en parer durant des heures; elle se laissait faire, assise, immobile et dans le sérieux d'une jeune Reine. Une fois, comme on les avait vus, depuis plusieurs jours, s'enfoncer seuls dans une allée du bois, au bout du jardin, l'on eut la curiosité de les suivre. Ils s'étaient fait un petit carré à part, entouré de gazon, et un beau jasmin au milieu; Arthur avait demandé au jardinier de le lui planter à cette place. A force d'entendre parler d'Irlande et de Kildare à leur mère, ces enfans en étaient pleins, et la jeune sœur questionnait son frère, qui y était né, comme s'il en avait su plus qu'elle. Arthur avait donc imaginé d'appeler *Kildare* ce lieu-là qu'ils s'étaient choisi, comme faisait

Andromaque en Épire au souvenir de Pergame, et comme font tous les exilés. Par une aimable idée de métamorphose, digne de la poésie des enfans ou des anges, le beau jasmin du milieu figurait leur aïeule madame O'Neilly, dont madame de Couaën les entretenait sans cesse et qu'elle regrettait devant eux. Chaque jour ils venaient causer avec le jasmin et chanter à l'entour de lentes mélodies. Dans le bouquet matinal qu'ils offraient à leur mère, Arthur et sa sœur mêlaient un peu de la fleur de ce jasmin, pour qu'il y eût un souvenir, un bonjour confus de leur grand'maman, mais sans que leur mère le sût, de peur de réveiller directement ses regrets d'absence. On découvrit à la fin tout cela. Ne vous semble-t-il pas, en cet enfant, à travers un instinct de spiritualité et de prière, saisir une inspiration des fées mourantes, un souffle d'Ariel déjà baptisé ? J'appelais depuis ce temps Arthur *notre jeune barde,* et ce fut à plus forte raison lorsqu'un jour, après l'avoir cherché long-temps au logis, comme tous étaient dans l'inquiétude, je le trouvai sur la montagne, assis seul et les yeux en larmes vers la mer, sans qu'il me pût expliquer comment ni pourquoi il était là. Son père l'aimait à l'adoration, et quand il le tenait entre ses genoux, le contemplant et lui arrachant de naïves paroles, et, du sein de son ombre habituelle, s'illuminant doucement de lui, je ne pouvais m'empêcher de trouver qu'il y avait dans cet enfant tout tendre et poétique beaucoup pourtant du génie paternel, un germe aussi des inquiètes pensées, un rêve de vague gloire peut-être autant que de tendresse, quelque chose d'une fixité de mélancolie opiniâtre et dévorante. Ce noble père souriait en ces momens sans doute à l'idée que l'enfant serait quelque jour un flambeau, une illustration qui réfléchirait sur la race jusque-là inconnue et sur lui-même. Heureux et deux fois sacrés les pères qui reçoivent d'un fils glorieux l'éclat qui les a fuis et qu'ils auraient les premiers mérité !

Depuis le départ de Couaën, Arthur avait été assez triste et maigrissant, malade dans sa sensibilité. Les bons soins du petit couvent ne lui avaient pas fait oublier la grève et les bois. Dans les commencemens il demandait souvent à sa mère, mais en se cachant de madame de Cursy, pour ne pas avoir l'air de la vouloir quitter : « Maman, reverrons-nous bientôt la mer ? » Madame de Cursy, un jour, en traversant le jardin pendant l'office, les surprit, lui et sa sœur, qui psalmodiaient, à l'unisson des vêpres, cette espèce de couplet, de l'invention d'Arthur :

> Bon Dieu, rendez-nous la mer
> Et la montagne Saint-Pierre,
> Et notre petit jardin
> Et grand'maman le jasmin !

Le caractère de sa sœur devenait aussi plus difficile, et volontiers capricieux ou impérieux. Nous avions quelquefois des discussions avec madame de Couaën sur la direction qu'il aurait fallu donner à ces jeunes êtres ; mais naïve, excellente sans effort, et n'ayant eu que les baisers maternels pour discipline, elle entrait peu dans ces nécessités ; et moi, qui m'offrais à cette tâche, aurais-je eu la persévérance et le désintéressement de la remplir ? Dans le court séjour que j'avais fait à Blois, Arthur, profitant d'un moment où j'étais resté seul près de son lit (car il se trouvait alors malade), m'avait dit : « Pourquoi ne viens-tu plus avec nous ? tu nous fais de la peine. » Je ne sais ce que je lui répondis; il se tut comme s'il eût pensé beaucoup, et ne me questionna plus. La petite Lucy, plus fière, ou moins sensible, ou plus discrète encore, ne m'aurait rien demandé.

Et quand je vous peins ainsi ces deux beaux enfans par les traits qui les détachent du fond commun de leur âge, je ne prétends pas dire, au moins, que ces traits distinctifs apparussent continuellement en eux et en fissent d'avance de complets modèles. Oh! non pas! souvent Arthur le barde était bruyant, altier ou mutiné; souvent sa royale sœur était familière, babillarde, ou d'un rien émue et en larmes; souvent ils folâtraient et se confondaient à nos yeux selon les grâces et toutes les contradictions de l'enfance.

C'était donc un de ces chers objets que venaient de perdre nos amis. J'étais présent à les attendre lorsqu'ils arrivèrent en pleine nuit au petit couvent. Il n'y eut entre nous que des mains pressées, des embrassemens étouffés, sans parler de rien, sans rien nommer. Elle me parut au premier coup-d'œil moins changée que je ne l'avais craint, et toujours belle.

Le lendemain matin je les vis l'un et l'autre, et d'abord séparément. Avec lui, dès que j'eus osé toucher l'immense plaie, je fus interrompu par un geste négatif, irrévocable; je balbutiai et n'essayai pas de poursuivre. Il y avait, je le sentis aussitôt, dans sa douleur, plus que celle d'un père pour son enfant; il y avait l'idée d'enfant mâle, de premier né ravi, le deuil du nom éteint, quelque chose de blessé autre part encore qu'aux entrailles, une portion d'amertume non avouable parce qu'elle avait sa source dans l'antique préjugé plus avant que dans la nature; et nulle consolation, dès-lors, ni même aucun langage possible à ce sujet. Il aimait sa fille, sa fille si semblable à lui dans une saison si tendre, sa forte image traduite en gentillesse et en beauté, mais elle ne remplaçait rien à ses yeux; un fils seul pouvait lui cacher le vide des ténèbres. Était-il homme à en désirer un encore, à recommencer une espérance? Si les médecins le rassuraient sur la santé de madame de Couaën, si dans son orgueil de race, il venait à redemander l'espoir d'un héritier mâle à la mère d'Arthur,... en cet éclair, mon front se couvrit de honte, et je souhaitai que les médecins la trouvassent mal, la jugeassent atteinte de mort.

Elle était mal en effet; le jour me la montra

plus douloureuse et affaiblie. Elle du moins, elle était toute mère et rien que mère : elle me parla la première de son fils, se rejeta en pleurant sur sa fille qu'elle baisait, et qui, debout et morne, semblait porter toute cette affliction et contenir, pauvre enfant! la sienne. Un mot de madame de Couaën me révéla sous sa plaie vive le ravage d'une mélancolie bien profonde : « Ce coup, disait-elle, était un châtiment mérité pour avoir désiré quelque chose hors du cercle tracé, hors de la famille, et elle avait été frappée au dedans comme par un rappel sévère. » Je voulus vainement combattre cette interprétation, qui me parut lugubre et qui n'était que rigoureusement chrétienne; mais elle n'avait pas de pensées à la légère; celle-ci avait pris racine en elle durant tout son séjour délaissé à Blois, et l'y avait obsédée constamment; la mort de son fils n'avait fait que confirmer une crainte préexistante.

Elle me conta comment le corps embaumé était parti pour Couaën, sous la conduite du vieux serviteur François, et que le marquis, durant une veillée lamentable, avait tout fait lui-même, qu'il avait tout scruté, tout enseveli, tout cloué de ses mains, sans souffrir témoin ni aide.

Dès ce premier jour, je sentis la gêne de ma situation nouvelle; l'heure de voir madame R. étant arrivée, il fallut quitter madame de Couaën. Ses droits anciens, sa douleur récente n'allaient pas jusqu'à me retenir une demi-journée entière; une autre avait l'empire du moment. Madame R. vint le soir embrasser son amie. Cette première visite se passa bien. Madame R. pleura beaucoup, et s'abandonna avec naturel à tout ce qu'inspirait un spectacle si abattu; mais les autres fois, ce fut moins simple; la vanité revint, la rivalité se glissa. J'évitais avec elle toute démonstration trop particulière; mais d'un geste, d'un clin-d'œil, elle savait assez marquer son ascendant sur moi et dénoter notre intelligence établie. J'allais chaque matin, avant deux heures, au petit couvent; puis madame de Couaën avait beau me vouloir retenir, je m'échappais et volais à la Chaussée-d'Antin, où, saignant encore d'impressions graves et affligées, je trouvais souvent un accueil aigri et mille jalousies en éveil. Tous ces petits griefs entraient, s'accumulaient en moi, y brisaient, pour ainsi dire, leurs épines, et, s'il n'en résulta sur-le-champ aucune secousse, ils se retrouvèrent plus tard avec usure. Soit amitié au fond, soit secret désir de surveillance, madame R. vint passer près de madame de Couaën plusieurs des soirées de cette quinzaine, tantôt seule, tantôt accompagnée de sa tante. Fort occupé que j'étais en ce mois-là de certaines séances du soir sur le magnétisme animal, je faisais pourtant en sorte de revenir toujours à temps pour reconduire madame R., mais quelquefois à temps seulement, et sans prendre longue part à l'entretien. Madame de Couaën ne perdait rien de ces concordances, et en souffrait.

Cela se voyait surtout au sourire d'adieu qu'elle tâchait de nous faire aussi bienveillant que son triste cœur, à ce sourire qui ne réussissait pas à en être un, et qui me semblait dans cette douce pâleur une ride criante. O vous qui avez trop vieilli par l'âme et souffert, si vous voulez déguiser le plus amer de votre souci, ne riez jamais, ne vous efforcez plus de sourire!

Un soir que nous avions laissé percer, madame R. et moi, nos arrangemens pour une sortie projetée, madame de Couaën se trouvant debout avec nous près de la fenêtre, par une lune sans nuages, devant une nuit de magnificence qui nous assurait d'un beau soleil du lendemain, me demanda de la conduire elle-même dans la matinée suivante à la promenade et à quelque boutique. Elle me le demanda comme pour montrer qu'elle n'était pas piquée ni jalouse, et comme une sœur demande à son tour après qu'une autre sœur a obtenu. J'eus un court moment d'hésitation dans ma réponse, tant à cause de madame R. présente, que parce que cela tombait réellement à travers mes heures occupées. Ce presque imperceptible mouvement fut bien sensible à madame de Couaën; elle se rétracta aussitôt, s'accusant d'être indiscrète et d'abuser légèrement de moi. Il fallut toutes mes instances pour recouvrir ce premier effet et la résoudre à vouloir encore.

Il y avait un an vers la même époque, dans les mêmes lieux, que nous ne nous étions promenés ensemble; je me sentais lié, garrotté par d'autres sermens; je m'étais dit de bien mesurer mes paroles. On se crée une ombre d'honneur qu'on essaie de suivre dans cette violation de toutes les lois. Les terrasses exposées, les marronniers et les marbres émaillés de frimas, ces mêmes lisières des allées qu'anime le soleil d'une heure, nous virent tout changés. Je voulais prendre d'abord un autre tour du jardin; elle insista pour les anciennes traces. Qu'étaient devenus nos promesses et nos projets de bonheur ?... Sa fille cheminait seule à nos côtés.

Il semblait qu'elle avait dessein de subir lentement le contraste des impressions d'autrefois et de celles d'aujourd'hui, d'en tirer un enseignement austère. Elle ne provoqua de moi aucune explication et ne parut pas en attendre. Mais calme, sensée, avec son accent d'imagination native, et soutenue par un flot intérieur profond, elle parla beaucoup et presque seule, dévoilant peu à peu sous le ciel tout un lac nocturne de pensées ensevelies.

Elle disait qu'il y a un jour dans la vie de l'âme où l'on a trente ans; que les choses apparaissent alors ce qu'elles sont; que cette illusion d'amour qui, sous la forme d'un bel oiseau bleu, a voltigé devant nous, sauté et reculé sans cesse pour nous inviter à avancer, nous voyant, au milieu, bien engagés dans la forêt et les ronces, s'envole tout de bon ; qu'on ne le distingue plus que de loin par momens au ciel, fixé en étoile qui nous dit de venir ; que, vivrait-on alors trente ans encore et trente autres sur cette terre, ce serait toujours de même, et que le mieux serait donc de mourir, s'il plaisait à Dieu, avant d'avoir épuisé cette uniformité ; qu'on deviendrait même ainsi plus utile à ceux d'en bas en priant pour eux.

Elle disait qu'il y a pour l'âme aimante une lutte bien pénible ; c'est quand l'oiseau d'espérance, qu'on croyait parti pour toujours, redescend encore un instant et se pose ; quand on a un jour vingt ans et le lendemain trente, et puis vingt ans de nouveau, et que l'illusion et la réalité se chassent l'une l'autre en nous plusieurs fois dans l'espace de peu d'heures ; — mais j'ai les trente ans désormais sans retour, ajoutait-elle.

Elle confessait avoir toujours eu un monde en elle-même, un palais brumeux enchanté, une verte lande sans fin, peuplée de génies affectueux et de songes ; avoir vécu une vie idéale tout intense, toute confiante et longtemps impénétrable aux choses ; mais que c'en était fait enfin chez elle, et plus rudement que chez d'autres, d'un seul coup.

Elle disait aussi, je m'en souviens, que l'illusion ou l'amour qu'on porte en soi à vingt ans ressemble à un collier dont le fil est orné de perles; mais, au collier de trente ans, les perles sont tombées; il n'en reste que le fil, qui, dans un cœur fidèle du moins, est indestructible et dure cette vie et l'autre.

Elle disait naturellement de ces choses qui semblaient cueillies sur la trace des esprits des nuits dans les bruyères maternelles, mais de ces choses relevées avec sagesse et mûries dans un cœur tendre.

Et tout en proférant cette science amère de Job d'une douce lèvre de Noémi et avec un souffle d'âme qui ne se lassait pas, la fatigue de marcher la prenait fréquemment. Je choisissais, pour nous y asseoir, les bancs les plus attiédis, comme j'avais espéré faire autrefois pour sa mère à Kildare; et puis nous nous remettions en marche au soleil.

Une pensée encore qui s'offrit dans le cours de sa plainte et qui ne craignit pas de s'échapper, c'est qu'il y a un jour de découverte bien dure, lorsqu'après s'être crue nécessaire à quelqu'un et avoir cru quelqu'un inséparable d'avec nous, le cœur se détrompe, et qu'à un certain soir, tout le monde retiré, on se jette à genoux, la face dans ses mains, priant Dieu pour soi, pour sa propre paix, et ne pouvant plus rien directement dans le bonheur ou le malheur d'un autre.

Elle se reprochait d'avoir trop négligé Dieu jusque-là, de s'être trop rarement approchée du seul efficace et permanent Consolateur. Elle souhaitait une vie plus retirée, plus étroite encore. Un couvent à Blois avec sa fille aurait été son vœu; car elle craignait, disait-elle, d'être tout-à-fait inutile et comme étrangère à M. de Couaën, une pure cause pour lui d'habituelle inquiétude.

J'essayais de jeter à travers son effusion, qui reprenait sans cesse, quelques mots de réfutation incertaine; qu'il y a une sorte d'illusion aussi dans le trop de désabusement, que souvent les apparences sont pires que les intentions qu'elles accusent. Mais elle ne paraissait pas entendre ni demander de réponse; elle continuait toujours; pas d'aigreur, pas d'allusion fine et détournée, mais une pleine et générale application de ses paroles aux faits

accomplis; une forme clémente, un fond de
jugement irréfragable. Toute cette hymne
plaintive épuisée, nous étions près de quitter
le jardin, quand une charmante enfant, qui
passa devant nous, attira mes regards, et je crus
reconnaître Madeleine de Guémio. L'idée de
mademoiselle de Liniers, qui pouvait être à
Paris, m'assaillit brusquement; je le dis à madame de Couaën, et nous nous hâtâmes, pour
nous en assurer, vers les deux personnes qui
précédaient et avec lesquelles marchait l'enfant. Mademoiselle de Liniers (car c'était bien
elle qui, tout nouvellement arrivée, se promenait là avec cette dame, ancienne amie de sa
mère), tourna la tête au même moment et me
reconnut. Madame de Couaën et elle ne s'étaient jamais rencontrées; mais elles s'étaient
écrit, elles s'aimaient. Mademoiselle de Liniers
avait appris déjà la perte funeste; ces deux
femmes, à peine nommées l'une à l'autre,
s'embrassèrent émues; voyant cela, la jeune
Madeleine, plus grande, baisait au front la
petite Lucy, sérieuse et étonnée. On se promit de se voir; je demandai à mademoiselle
Amélie la permission de l'aller saluer, et
nous rentrâmes,—chacun, hélas! avec quelle

charge accrue et quelle rude moisson de pensées !

Le soir même de cette promenade, comme nous étions réunis chez madame de Couaën et que madame R. et sa tante venaient d'arriver, la conversation s'engagea entre le marquis et moi sur la politique. Il parlait, avec un redoublement d'âcreté, de l'Empire, de cette mystification insolente, et de l'immense ruine que la hauteur de l'échafaudage préparait. D'ordinaire, quand le marquis s'échappait de ce côté, je courbais la tête à son aquilon, et respectais, sans essayer de l'entamer, cette conviction orageuse où tournoyait une âme inexpugnable. Mais ce soir-là, soit que ses préventions me parussent plus énormes et insoutenables, surtout à la suite de cette clémence et de cette justesse d'idées de madame de Couaën, soit que la présence de madame R. introduisît quelque aigreur et une pointe d'amour-propre dans mon impression, sans que je pusse m'expliquer comment, je me trouvai, après quelques minutes, en contradiction ouverte avec lui. Je ne justifiais pas l'Empire ; j'alléguais seulement sur l'éclat de ses armes, sur sa force, sa solidité actuelle et ses bases suffisantes dans la nation, des raisons assez évidentes, et si évidentes même qu'elles me donnaient trop aisément le rôle du clairvoyant et du sage. Mais je disais tout cela d'un ton contrariant, d'un air d'impatience et de révolte, et c'était la première fois qu'avec le marquis pareille chose m'arrivait. Étonné de cette forme nouvelle contentieuse dont je m'étonnais pour le moins autant que lui, il enraya son ardente invective et entra avec une douceur singulière et une netteté soudaine dans la discussion que je lui ouvrais, me surprenant à chaque instant par ce mélange de haine aveugle et de condescendance, et par la fermeté, la pénétration de certaines vues, au sortir d'assertions toutes passionnées et d'elles-mêmes croulantes. C'est une épreuve que j'ai d'abord faite sur M. de Couaën, et que j'ai depuis eu l'occasion de vérifier souvent, mon ami, combien chez les hommes forts, de hautes parties d'intelligence et de génie sont compatibles avec les déviations et les défectuosités les plus abruptes. On croit les tenir, et ils échappent; on les a étudiés durant des années, on a déterminé la formule de leur caractère et de leur nature, comme pour une courbe difficile ; un aspect imprévu vous déjoue. « Je le vante, je l'abaisse, a dit Pascal, jusqu'à ce qu'il comprenne qu'il est un monstre incompréhensible. » Ce que l'illustre penseur a dit de l'homme abstrait, de l'homme en général, n'est pas moins vrai de chaque individu marquant. Plus l'individu a de facultés et de ressorts intérieurs, quand la religion n'y tient pas la main, plus le faux et le juste se mêlent en lui, co-existent bizarrement et s'offrent à la fois l'un dans l'autre. La corruption, la contradiction de la nature spirituelle déchue est plus visible en ces grands exemples, tout ainsi que les bouleversemens de la nature physique se voient mieux dans les pays de volcans et de montagnes. Quel chaos! que d'énigmes! quelles mers peu navigables que ces âmes des grands hommes! On heurtait sur un rocher absurde, et voilà que tout à côté on retrouve la profondeur d'un océan. On en désespérait, et soudain forcément on les admire. Leurs plus grandes parties gisent près de défauts qui sembleraient mortels. A tout moment, si on les serre de près, il faut revirer d'opinion sur leur compte. On ne s'accoutume à cela que plus tard ; car d'abord on veut et l'on se crée les hommes tout entiers.

Dans cette discussion d'alors, au reste, le marquis n'avait tort qu'à demi contre moi. Ce qu'il avançait de l'Empire était exorbitant, intolérable à entendre, une vraie révolte à l'oreille du bon sens judicieux ; mais il y avait une idée perçante. On a dit que toute erreur n'est qu'une vérité transposée. Toute énormité dans les esprits d'un certain ordre n'est souvent qu'une grande vue prise hors du temps et du lieu, et ne gardant aucun rapport réel avec les objets environnans. Le propre de certaines prunelles ardentes est de franchir du regard les intervalles et de les supprimer. Tantôt c'est une idée qui retarde de plusieurs siècles, et que ces vigoureux esprits se figurent encore présente et vivante ; tantôt c'est une idée qui avance, et qu'ils croient incontinent réalisable. M. de Couaën était ainsi ; il voyait 1814 dès 1804, et de-là une supériorité ; mais il jugeait 1814 possible dès 1804 ou 1805, et de-là tout un chimérique entassement. — Voilà un point blanc à l'horizon, chacun jugerait que c'est un nuage. « C'est une montagne, » dit le voyageur à œil d'aigle ; mais s'il ajoute : « Nous y arriverons ce soir, dans deux heures, » si à chaque heure de marche il crie avec emportement : « Nous y sommes » et le veut démontrer, il choque les voisins avec sa poutre, et donne l'avantage aux yeux moins perçans et plus habitués à la plaine.

Engagé comme je l'étais contre M. de Couaën, et après le premier bond irréfléchi, j'essayai la retraite et de redescendre de l'assaut de cette citadelle honnêtement. Mais le mouvement de discussion était donné ; une négation en ramenait une autre; toutes mes objections amassées de longue main faisaient face malgré moi. Ou bien, quand tout avait l'air de tomber naturellement, je prolongeais à mon tour, espérant une occasion de réparer. A la fin, mécontent, blessé d'avoir blessé, je sortis, ne devant pas reconduire ce soir-là madame. R. Madame de Couaën, dans le trouble muet où l'avait mise cette scène, me suivit jusque hors de la seconde chambre, au haut du petit escalier. Ce n'était plus la femme calme du matin, dans sa gémissante et tranquille psalmodie. Elle me demandait à mots pressés ce que j'avais contre elle ; à qui j'en voulais ; à quoi j'avais songé ? Sa joue était en feu, elle tenait mes mains, et je lui sentais une agitation extraordinaire. C'était la seconde fois que je l'entrevoyais sous cette lueur enflammée; la première avait été l'année précédente, dans cette maison de santé du boulevart, à quelques paroles sinistres de moi, tandis que le marquis était à écrire. — Je la rassurai à mots aussi confus que les siens, et m'enfuis en proie à mille puissances.

Mais à peine était-elle rentrée (je l'ai su depuis d'elle-même), que, s'adressant à madame R. ou à sa tante, elle dit, par forme de demi-question, que ces dames m'avaient vu bien souvent durant cette longue année, et la tante, sans malice, au lieu de *oui, souvent,* qu'aurait répondu madame R., répondit : « Oh ! mon Dieu, oui, *tous les jours.* » Ce mot fatal précisait tout.

Le lendemain, la consultation des médecins avait lieu ; le célèbre Corvisart devait en être. J'allai de bonne heure, un peu timidement, affronter les visages de la veille. Je trouvai à madame de Couaën un air composé et circonspect. Le marquis fut cordial ; je le tirai à part en entrant, et lui exprimai mes franches excuses pour ma conduite du soir, mais bien moins vivement encore que je n'en sentais de honte. Il me semblait lâche et cruel d'avoir pris cette noble colère au dépourvu, de l'avoir fait rentrer en elle sans pitié, et de n'avoir pas respecté un fonds d'inviolable douleur jusque dans cette divagation violente. M. de Couaën m'arrêta court avant que j'eusse fini : « Amaury, me dit-il, combattez-moi, réfutez-moi à extinction, pourvu que vous nous aimiez ! » — Et je l'aimais en effet, comme je l'éprouvai alors et de plus en plus dans la suite ; je l'aimais d'une amitié d'autant plus profonde et nouée, que nos natures et nos âges étaient moins semblables. Absent, cet homme énergique eut toujours une large part de moi-même ; je lui laissai dans le fond du cœur un lambeau saignant du mien, comme Milon laissa de ses membres dans un chêne. Et j'emportai aussi des éclats de son cœur dans ma chair.

Et pourtant, si je m'en rapporte à quelques mots de madame de Couaën durant ces huit derniers jours, et à des indices même directs qui ne m'échappèrent pas, à l'accent parfois plus brusque, au regard plus errant du marquis, à une sorte d'impatience, moi présent, qui se décela en deux ou trois circonstances légères, l'effet de la discussion malencontreuse ne fut pas si vite effacé; cet esprit véhément en conçut et en garda quelque ombrage. Chose étrange! quand je lui avais avoué par une lettre assez confiante le péril et les scrupules de mon âme, il n'y avait pas cru, il ne s'en était pas effarouché du moins; et voilà qu'après une longue absence, après une négligence et une infidélité d'affection trop évidentes de ma part, à travers une contradiction politique accidentelle, il s'avisait tout d'un coup d'une ride jalouse, comme si, en ces sortes de caractères superbes, l'éveil, même dans les sentimens plus tendres, ne pouvait venir qu'à l'occasion d'un choc dans les sentimens plus fiers. Le particulier en ceci était que le côté orgueilleux choqué n'avait manifesté aucun émoi, n'avait gardé aucune trace ni rancune, et que tout était allé retentir et faire offense au sein d'une idée si dissemblable. Mais peut-être aussi n'était-ce de sa part qu'un résultat de sagacité rapide, et se disait-il qu'indifférent et désorienté comme je l'étais en politique, pour le prendre sur un ton si inaccoutumé avec lui, il fallait qu'il y eût en moi altération et secousse dans d'autres sentimens secrets.

Quoi qu'il en soit, admirez, mon ami, les conséquences inextricables de mes fautes. Par moi un souci de plus va s'attacher dans leur exil à ces amis accablés. Je trouve moyen au dernier moment d'agrir le sombre deuil de l'un, d'obscurcir l'angélique résignation de l'autre, d'enfoncer un gravier de plus sous leurs pas meurtris.

Cette matinée même, je me présentai chez mademoiselle de Liniers sans l'y rencontrer. Il y a des jours où tout est en suspens et où la destinée s'accumule en silence. Je ne vis madame R. que l'instant indispensable. Le soir, je revins au couvent savoir la décision des médecins. Le marquis, plus rassuré, m'en dit les points principaux qui me parurent se rapporter à une maladie présumée du cœur. Il ne me laissa pas, de toute la soirée, seul avec madame de Couaën. Mon pressentiment était extrême. Je me voyais assiégé entre trois êtres tout d'un coup rapprochés sans s'être entendus. Pas un ne faisait un signal vers moi, et ils me tenaient pourtant chacun par un étroit et fort lien. J'allais, je tremblais de l'un à l'autre, dans une inexprimable sollicitude, comme un fétu agité par les vents, comme l'aiguille aimantée hésitant avec fièvre entre trois pôles différens et qui font triangle autour d'elle, comme ces grêlons de grêle, au dire des physiciens, qu'attirent et repoussent sans fin des nuages contraires. Allées et venues infructueuses, épuisement fébrile dans de grisâtres intervalles, c'est trop là l'histoire de ma vie en cet âge le plus fécond.

Il y a dans les cercles d'enfer, non loin de la région des tièdes, ou peut-être au bas des rampes du purgatoire, une plaine non décrite, seul endroit que Dante et son divin guide n'aient pas visité. Trois tours d'ivoire s'élèvent aux extrémités diverses de cette plaine, plus ou moins belles et éclairées de loin à leur cime, mais séparées par des ravins, des marais, des torrens peu guéables, chacune à une journée et demie de marche des deux autres. Un pénitent voyageur chemine entre elles ; mais il arrive toujours au pied de la tour où il va, après que le soleil est couché et que les portes sont closes. Il repart donc en sueur et haletant vers une des tours opposées ; mais s'oubliant, hélas! quelques heures dans les marécages et les fanges du milieu pour y assoupir sa fatigue, il n'arrive à cette autre tour que le lendemain, trop tard encore, après le coucher de l'astre.

Et il repart de nouveau, jusqu'à ce qu'il arrive à la troisième; elle vient de se fermer aussi; et il recommence toujours. C'est le châtiment, mon ami, de ceux qui ont usé leur jeunesse comme moi, et ne l'ont pas expiée.

Le jour d'après (car il vous faut bien haleter jour par jour sur ma trace), avide de quelque explication et de quelque souffle qui fît mouvement dans mon incertitude, vers une heure, espérant la trouver seule, je me rendis chez madame de Couaën. Une voiture arrêtée à la porte extérieure me contraria tout d'abord; on ne put me dire le nom de la personne en visite; j'entrai. Mademoiselle de Liniers était à côté de sa nouvelle amie, sur une chaise basse, son chapeau ôté, et comme après une intimité déjà longue. Madeleine et Lucy debout à l'autre fenêtre, contrastaient doucement avec le groupe maternel, attentives qu'elles étaient à quelque jeu et confondant leurs chevelures. Pauvres enfans! puissent-elles avoir ignoré toujours combien il est parfois douloureux et sublime à deux femmes de s'aimer! Mademoiselle Amélie, plus blanche et, depuis le dernier jour de la Gastine, d'une neige plus affermie à son front que jamais, ne rougit pas en me voyant : elle y était préparée, — tout entière d'ailleurs à l'impression de madame de Couaën, elle ne recevait rien qu'à l'ombre de cette figure enfin connue, qu'elle avait l'air de servir et d'adorer. Celle-ci, qui ne savait pas le plus pur et le plus caché du sacrifice, agissait avec la noble Amélie comme par cette divination compatissante qui révèle aussitôt leurs pareilles aux belles âmes éprouvées. Le discours qu'on tenait était simple, peu abondant, facile à prévoir; une mélodie de sentimens voilés y soupirait. Je parlais peu, j'étais ému, mais non mal à l'aise. Dans cette pose nouvelle où elles m'apparaissaient, il n'y avait point de contradiction ni de déchirement à mes yeux entre leurs deux cœurs. Tout d'un coup on frappa à la porte de la chambre : madame R. entra. Je compris que quelque chose s'accomplissait en ce moment, se dénouait dans ma vie, qu'une conjonction d'étoiles s'opérait sur ma tête, que ce n'était pas vainement, ô mon Dieu, qu'à cette heure, en cet endroit réservé, trois êtres qui s'étaient manqués jusque-là et qui sans doute ne devaient jamais se retrouver ensemble, resserraient leur cercle autour de moi. Quel changement s'introduisit par cette

venue de madame R. ! Oh! ce qu'on se disait
continua d'être bien simple et en apparence
affectueux. Pour moi, en qui toutes vibrations
aboutissaient, il m'était clair que les deux premières âmes de sœurs s'éloignèrent avec un
frémissement de colombes blessées, sitôt que la
troisième survint ; que cette troisième se sentit
à la gêne aussi et tremblante, quoique légèrement agressive ; il me parut que la pieuse
union du concert ébauché fit place à une dis-
cordance, à un tiraillement pénible, et que
nous nous mîmes, tous les quatre, à palpiter
et à saigner. Voilà ce que je saisis : pour un autre qui n'eût rien su, pas une différence de
visage ou de ton n'eût été sensible. Le marquis
entra bientôt ; mademoiselle de Liniers se leva
après quelques minutes et sortit. C'en était fait ;
quelque chose dans ces destinées un instant
assemblées était rompu et tranché dès à présent, quelque chose qui ne se retrouverait plus.
Je ne savais quoi encore, je ne discernais rien
de cette conclusion, bien que j'y crusse fermement.

Les résultats, à vrai dire, ne se font pas hors
de nous, ô mon Dieu, et par l'action des seuls
mouvemens extérieurs, par l'opération de cer-

taines lignes qui se croisent, qui se nouent ou dénouent fatalement. Il n'y a plus de magie enlaçante, les enchanteurs ont cessé, et l'homme, qu'a délivré votre Christ, intervient. Mais les mouvemens du dehors, que trace votre doigt, servent à amener les résultats réels, les résultats vivans, qui naissent en nous du concours de votre grâce et de notre désir; ils les préparent, les provoquent et les hâtent, les expriment souvent à l'avance et les signifient. Vous nous offrez parfois, Seigneur, quand vous le daignez faire, l'intention et le canevas dessiné de la trame, comme à l'apprenti du tisserand; il faut que nous y mettions la main pour l'achever; il faut que notre volonté dise *oui* ou *non* à votre proposition redoutable; ou notre indifférence muette est déjà même une manière funeste de terminer. Je fus bien lent à comprendre et à agir dans le cas présent; je compris pourtant à la longue. Mais à partir du moins de ce premier moment, le canevas céleste, le dessin suprême, l'énigme de cette rencontre emblématique entre quatre destinées resta suspendue nuit et jour à mes regards comme un objet de fatigue et de tourment, jusqu'à ce que j'y lusse le sens lumineux.

9.

Au plus épais de la forêt humaine, par des sentiers divers et d'entre les broussailles qui dérobent tout horizon, étaient arrivés sur un même point à la fois les trois êtres rivaux, tour à tour préférés, trois blanches figures. Et je m'y trouvais aussi à l'improviste, au milieu; on avait souri en s'abordant, on s'était parlé doucement avec négligence, sans avoir l'air de s'étonner ; mais, à travers cette tranquillité de parole, un changement solennel à l'entour s'était accompli. Les sentiers, tout à l'heure invisibles, étaient devenus peu à peu quatre sombres routes en croix. Et les trois femmes se saluèrent, et prirent chacune une de ces routes; et il ne restait plus que la plus escarpée et la plus sauvage, par où personne n'allait : était-ce la mienne, ou quelle autre devais-je suivre ? — Cette image de ma situation nouvelle se précisa tout d'abord à mes yeux ; le carrefour désolé de la fôret me fit un désert plein d'effroi. Redescendu de ma vision d'Isaïe, j'en répandais l'ombre jusque sur les êtres les plus rians : Madeleine, Lucy, me disais-je, pauvres enfans qui avez joué ensemble une fois, comme deux sœurs, vous retrouverez-vous jamais dans la vie ?

Le permis de séjour du marquis tirait à sa fin ; il ne témoigna point en désirer la prolongation. Je les vis, elle et lui, toute cette dernière semaine ; et le plus souvent matin et soir. Mais il y avait dans notre intimité subsistante je ne sais quel empêchement sourd qui s'était créé. Un jour, le marquis m'avait laissé en conversation avec madame de Couaën ; en rentrant une demi-heure après, il m'y retrouva, et involontairement, d'un ton que je crus altéré, il lui échappa de dire : « Ah ! vous êtes là encore ! » Quant à elle, dans nos instans solitaires, elle avait repris sa première attitude navrée et résignée, avec des accens de confiance ingénue : « Est-ce que vous êtes bien changé pour nous ? me demanda-t-elle plusieurs fois ; est-ce bien vrai qu'une autre nous a remplacés ? Quoi ! durant un an, tous les jours ! » Et elle me citait ce mot de la tante de madame R. Pour toute récrimination contre celle qui s'appelait son amie, elle ajoutait : « C'est bien mal à elle, car j'étais la plus ancienne près de vous. » Hélas ! elle ignorait qu'une autre, cette jeune fille même des derniers matins, était près de moi plus ancienne encore. J'eus le temps, avant le départ, de faire lire à madame de Couaën un ouvrage nouveau qui m'avait à fond remué par le rapport frappant des situations et des souffrances avec les nôtres : l'histoire de Gustave de Linar et de Valérie. Plus les choses écrites retracent avec fidélité un fait réel, un cas individuel de la vie, et plus elles ont chance par-là même de ressembler à mille autres faits presque pareils, que recèlent les humaines existences. Madame de Couaën lut, et s'attendrit extrêmement sur Gustave, sur Valérie, sur le noble caractère du comte, sur le petit Adolphe mort au berceau, sur tant de secrètes ressemblances. J'essayai de lui faire entendre qu'égaré par la passion comme Gustave, je n'avais cherché loin d'elle qu'une Bianca ; que c'était une liaison d'un ordre assez fragile où j'avais voulu m'étourdir ; que d'ailleurs, nulle infidélité irréparable n'était consommée encore, et qu'il pouvait être toujours temps de briser. Elle m'écoutait, mais sans s'ouvrir à mes raisons obscures, et ne concevant d'autres infidélités que l'infidélité du cœur. Elle me savait gré toutefois de ce geste d'effort pour réparer ; et puis elle se reprochait presque aussitôt ce regard en arrière, après le coup funeste qui l'avait, disait-elle, punie et avertie.

Le jour de son départ, elle me remit pour

mademoiselle de Liniers un billet d'adieu et d'excuses, ne l'ayant pu visiter. Elle me dit qu'à moi, elle m'enverrait dès son arrivée là-bas un souvenir. Le marquis me parla de passer chez eux quelques semaines au voisin printemps. Mais ce second départ, quoique plus décisif et plus déchirant que le premier, m'a laissé moins d'empreinte : notre âme n'est vierge qu'une fois pour la douleur comme pour le plaisir.

Dans l'après-midi qui suivit la séparation, je me rendis chez mademoiselle de Liniers ; elle n'y était pas ; je donnai la lettre pour elle, mais cette lettre n'était pas seule, et, après mainte lutte et combinaison, j'y avais enfermé une feuille de moi dont voici le sens :
« La personne que j'ai revue après deux ans si
» indulgente et si digne, se souviendra-t-elle
» qu'au précédent adieu ce terme de deux an-
» nées avait été jeté en avant comme une limite
» où l'on avait espoir de se rejoindre ? Oh ! je
» ne l'ai pas non plus oublié. Mais faut-il lui
» confesser, en me voilant le visage, que, du-
» rant cet espace, le cœur, qui aurait dû ten-
» dre sans cesse au but, n'a jamais su s'y diri-
» ger ; que des faiblesses, des désirs errans,

» des devoirs nouveaux nés des fautes et in-
» compatibles entre eux, des abîmes qu'il n'est
» pas donné à l'innocence de soupçonner, ont
» fait de ma vie un orage, un conflit, un ren-
» versement presque perpétuel ; que j'ai trou-
» blé de mon trouble et offensé plusieurs au-
» tour de moi ; qu'à l'heure qu'il est, j'ai plus
» à réparer que je ne puis ; que tout bonheur
» régulier m'est devenu impossible, inespéra-
» ble ; que je n'aurais d'ailleurs à offrir qu'un
» amas de regrets, d'imperfections et de dé-
» faites, à celle qui ne saurait posséder trop
» d'affection unique et de chaste empire. Oh !
» qu'elle me pardonne, qu'elle m'oublie !
» qu'elle me laisse croire à moins de souffrance
» en elle, à mon sujet, que le temps n'en
» pourra guérir ; et qu'elle ne me méprise pas
» cependant comme ingrat ! Une pensée invisi-
» ble, un témoin silencieux la suivra toujours
» de loin dans la vie et saisira chaque mouve-
» ment d'elle avec transe. Une prière, toutes
» les fois que je prierai, montera pour elle
» dans mes nuits : Mon Dieu, m'écrierai-je,
» faites qu'elle soit heureuse et revenue de
» moi ; que la blessure, dont j'ai pu être cause,
» n'ait servi qu'à enfoncer plus avant dans ce

» cœur rare les semences de votre sagesse et
» de votre amour! Faites qu'elle obtienne un
» peu plus tard tout le lot ici-bas, auquel,
» sans ma faute, elle aurait eu droit de préten-
» dre; faites qu'elle croie encore au bonheur
» sur cette terre, et qu'elle s'y confie! — Voilà
» ce que je dirai au ciel pour cette noble of-
» fensée; et si ma vie se rassied et s'épure, si je
» parviens à réparer quelque chose autour de
» moi, dans tout ce que je ferai jamais de bien,
» qu'elle le sache! son souvenir après Dieu
» sera pour beaucoup. » — Je laissai cette lettre et ne retournai plus; je n'eus aucune réponse, et je n'en attendais pas. Une seule fois,
la semaine d'après, je rencontrai ou crus rencontrer mademoiselle Amélie. C'était à la
brune, je traversais un massif des Tuileries,
rêveur, le front incliné aux pensées funèbres
parmi ces troncs noirs et dépouillés. Plusieurs
dames venaient dans le sens opposé et me croi-
sèrent; elles étaient passées, avant que j'eusse
eu le temps de les remettre et de les saluer.
Était-ce bien elle? m'aura-t-elle reconnu?
m'aura-t-elle vu, en se retournant, la saluer
trop tard? Ainsi finissent tant de liaisons humaines, et des plus chères, dans l'éloignement,

dans l'ombre, avec l'incertitude d'un dernier adieu ! — Je ne l'ai plus revue depuis ce soir-là, mon ami ; mais nous reparlerons d'elle encore.

Quatre jours après le départ de madame de Couaën, le courrier qui l'avait conduite arriva chez moi avec un petit paquet à mon adresse, qu'elle lui avait expressément confié. J'ouvris en tremblant : c'était un portrait en médaillon de sa mère dans lequel une mèche de cheveux noirs avait été glissée ; je devinai les cheveux d'Arthur. Le courrier que je questionnai s'étendait en récits sur l'ange de douceur ; le voyage s'était passé sans qu'elle eût l'air de trop souffrir. Pas de lettre d'ailleurs ; des reliques de sa mère et de son enfant, de l'innocent et de la sainte ravis, ce qu'elle avait de plus éternel et de plus pleuré : n'était-ce pas d'elle à moi en ce moment tout un langage sans parole, inépuisable et permis, et le seul fidèle ?

XIX.

Je me retrouvais seul en présence de madame R. Le caractère de mon affection pour elle n'était plus le même qu'avant cette double confrontation ; tout déguisement flatteur avait disparu. Je la voyais pourtant peu changée en effet, redevenue assez paisible et tendre, et m'accueillant du regard, sauf de plus fréquens replis de méfiance et de tristesse. Mon dessein formé était de conduire cette liaison avec ménagement jusqu'à ce qu'elle se relâchât peu à peu, évitant seulement de porter un coup trop prompt à une existence déjà si frêle, et instruit par expérience à ne plus briser dans la blessure. Je me préparais donc à être prochainement libre de ce côté; les deux grands sacrifices que j'avais sous les yeux m'en faisaient un devoir, j'avais besoin devant Dieu, devant moi-même, de ce premier pas vers une réparation.

Mais les projets de terminer à l'amiable et le long d'une pente insensible en ces espèces d'engagemens, sont une perspective finale non moins illusoire que les lueurs du sommet au but. On a beau se tracer une conduite tempérée de compassion et de prudence, il faut en passer par les secousses convulsives. Il n'y a qu'une manière de délier, c'est de rompre. En revoyant madame R. presque chaque jour, mon dessein fléchit bientôt dans le détail. Les sens et la vanité conspirèrent. L'apparence d'amour que je m'étais crue pour elle s'était évanouie ; mais par momens, à la voir si proche de moi, fleur affaiblie et à peine odorante, je la désirais encore. Surtout l'amour-propre à demi-voix me disait que c'était avoir dépensé bien des peines et fait sentinelle bien des nuits pour trop peu de réussite. J'avais voulu près d'elle me soustraire à la plus pure des passions et aux plus impurs des plaisirs, assembler en une liaison choisie assez d'âme et de sens, assez de vice et de délicatesse....; qu'avais-je obtenu? Je n'aurais donc jamais en mon humaine possession que des créatures confuses, jamais une femme suffisamment aimante et aimée, une femme qui eût un nom pour moi et qui sût murmurer le mien. Cette dernière idée était un âpre aiguillon sous lequel je regimbais toujours. Le printemps renaissait alors, et déjà l'air embaumait, déjà s'égayait la terre. Périlleux printemps, que me vouliez-vous en ces années de splendeur, à renaître si souvent et si beaux? Comme toutes les organisations sensibles dont la volonté ne se fonde pas dans un ordre supérieur, j'ai long-temps été à la merci des souffles de l'air, des phases mobiles de chaque lune, des nuées passagères (alors même que j'étais renfermé et que je ne les voyais pas), ou des ardeurs du soleil; encore aujourd'hui la nuance secrète de mon âme en dépend. En ces journées des premières chaleurs, dans ce Paris peuplé d'une jeunesse éblouie et de guerriers de toutes les armes, les femmes, dès le matin, comme les oiseaux sur leurs ailes, étalaient des étoffes aux mille couleurs; les boulevarts et les promenades en étaient émaillés; et le soir, au jour tombant, dans les rues des faubourgs, les filles du peuple, les femmes des boutiques, assises aux portes, cheveux et bras nus, folâtrant exubérantes et remuées à l'aspect des aigrettes et des casques, semblaient s'apprêter à célébrer quelque fête de la Bonne Déesse; dans cette vapeur molle qui les revêtait d'un lustre éclatant, toutes étaient belles. Si ces jours duraient, nulle créature ne serait sauvée; car le monde ne l'est, comme a dit un Saint, que grâce à cette pudeur accordée aux femmes.

De tels spectacles, dont j'allais repaissant mes yeux, ranimaient en moi un sentiment exalté du triomphe physique, de l'action matérielle et militaire, un idéal de cette vie que

vécurent les trois quarts des héros illustres ou
subalternes de ce temps-là : revues, combats et
cavalcades; suer au Champ-de-Mars, s'enivrer
de trompettes et d'éclairs, conquérir nations et
femmes, briller, bruire, verser son sang dans
les mêlées, mais aussi semer son esprit par les
chemins, et n'avoir plus une pensée à trente-
six ans. Cette vie d'écume et de sang bouillon-
nant, qui est la frénésie de la première jeunesse, me redevenait, durant ces quelques
heures caniculaires, la seule enviable. L'autre
vie obscure et mortifiée, dans laquelle avec
lenteur s'entrevoient dès ici-bas les choses de
l'âme et de Dieu, bien que j'y aspirasse encore
l'instant d'auparavant, ne m'était pas plus per-
ceptible alors que l'étoile des bergers dans un
ciel de midi. Au sortir des crises morales, des
fautes ou des pertes douloureuses, il y a deux
routes possibles pour l'homme, la chute et la
diversion par les sens, jusqu'à ce que l'épaissis-
sement s'ensuive, ou la purification, le veuvage,
la veille sobre et incessante par l'âme. Je don-
nais en ces momens-là à corps perdu dans la
conclusion vulgaire et machinale. Entrant chez
madame R. au milieu du jour, après m'être
bien aveuglé de soleil et abreuvé de fanfares

au Carrousel guerroyant, après m'être assouvi le plus souvent d'un pain grossier par-delà les guichets sombres (*homini fornicario omnis panis dulcis*, dit le Sage), — entrant chez elle je me mettais à préconiser cette activité glorieuse qu'elle m'avait vu repousser jusque-là, quoiqu'elle me l'eût parfois conseillée; j'avais tour à tour des audaces et des tendresses factices auxquelles elle ne savait que comprendre, peu préparée qu'elle était dans son ombre matinale à ces subites irruptions. C'est alors que commença de ma part tout une dernière attaque, méprisable, acharnée, sans ivresse et sans excuse, inspirée des plus médiocres sentimens.

Les torts nombreux de ruse, d'aigreur et d'étroitesse qu'il m'avait fallu dévorer près d'elle me revenaient fort à propos en ces instans, et m'ôtaient par degrés toute pitié. Elle n'a pas eu pitié d'une autre, me disais-je. Je faisais comme le sanglier qui se roule dans les buissons épineux et s'excite à la colère. Il y avait toujours eu d'elle à moi une portion du passé. inconnue, non avouée, quelque chose de sa vie ancienne qu'elle ne m'avait pas permis de pénétrer; elle m'était par-là restée étrangère. Dans les deux autres femmes aimées, je n'avais rien éprouvé de pareil. L'une, mademoiselle Amélie, ne m'avait offert, dès l'abord, qu'un ruisseau naissant et simple, dont je saisissais tout le cours d'un regard, dans la prairie, au pied des haies familières. L'autre, plus tard connue, madame de Couaën, avait eu une portion antérieure et absente, par-delà les mers à travers lesquelles sa douceur nous était venue. Mais elle-même m'avait déroulé maintes fois cette vie d'enfance et de filial amour, avec son premier orage. Il semblait que j'y eusse assisté vraiment, tant ces souvenirs se peignaient dans les miens et revivaient en une même trame. J'aurais pu dessiner la fuite de cette rivière Currah au bord de laquelle avait long-temps baigné sa fraîche existence. Mais ici, chez madame R., point de cours de destinée charmante et facile, qu'on rêve à plaisir, qu'on reconstruit en imagination à force de récits et de mutuels échanges ; point de bocages lointains, de rives toujours nommées et qui deviennent les nôtres. Passé une limite très-voisine, c'était une fermeture sourde, obstinée, et comme de prudence, une discrétion sans grâce et sans le vague du mystère. Moi, j'ai toujours tant aimé, au contraire, remonter, interroger dans leurs origines les existences même dont je n'ai traversé qu'un point, reconnaitre les destinées les plus humbles, leur naissance, leur premier flot encaissé dans les vallons et les fonds obscurs, au bas des chaumières, tout leur agencement particulier avec les choses d'à l'entour. Plus ces destinées sont simples, naturelles, domestiques, plus j'y prends goût, m'y intéresse, et souvent en moi-même m'en émerveille, plus je m'en attendris devant Dieu, comme à la vue d'une margueritelle des champs.

Et de cette disposition qui n'aurait dû engendrer chez moi qu'un sentiment de compassion ou tout au plus d'éloignement pour cette vie muette et fermée de madame R., il n'y avait alors qu'un pas dans mon esprit à une irritation dure. La défense opiniâtre et graduelle qu'elle opposait aux assauts, en ôtant toute ivresse à l'égarement, ne faisait que m'enhardir aux violences calculées. Si frêle et brisée qu'on l'eût pu croire, elle avait une grande force de résistance comme de réticence. Ce n'était pas une de ces femmes que surmonte à un certain moment un trouble irrésistible, et sur qui s'abaisse volontiers le nuage des dieux impurs au mont Ida. Sa présence d'esprit, sa vertu, veillaient dans le péril le plus extrême, — Oui sa vertu, je le dois dire, vertu moins rare en général à rencontrer que les séducteurs ne s'en vantent, qu'on ne soupçonnerait pas d'abord, à voir la légèreté des commencemens, à laquelle le monde ne croit guère, et qu'il a souvent calomniée bien avant qu'elle ait succombé en effet. Dans cette lutte misérable, au reste, je me désenchantais de plus en plus à chaque effort. J'effeuillais, je déchirais, comme avec des ongles sanglans, cette tige fuyante et rebelle, qui n'a de prix pour le voluptueux que quand elle tremble et s'incline d'elle-même tout à la fois, avec sa pluie de fleurs, avec ses touffes mourantes. Je sentais se détruire, se dégrader à l'avance mon criminel plaisir, et cette rage me poussait à des atteintes nouvelles. Femme douce, sensible, courageuse, m'avez-vous pardonné ?

La colère du voluptueux et de l'homme faible a sa forme d'accès, sa malignité toute particulière. La colère n'est pas seulement le propre de l'orgueilleux et du puissant, quoique le plus souvent elle naisse d'un orgueil offensé ; et alors elle couve, elle s'assombrit dans l'absence ; elle s'ulcère et creuse sur un fonds cuisant de haine. Mais une grande tendresse d'âme y dispose aussi, ces sortes de natures étant très-vives, très-chatouilleuses et douloureuses, vulnérables aux moindres traits. La substance de l'âme en ce cas ressemble à une chair trop palpitante et délicate, qui se gonfle et rougit sous la piqûre, sitôt que l'ortie l'a touchée. Cela passe vite, mais cela brûle et crie. Parmi les âmes sensibles, tendres plutôt que douces, beaucoup se rencontrent ainsi très-irritables ; j'étais sujet de tout temps à ces colères. Mais quand les âmes tendres se sont ravalées au plaisir, à un plaisir d'où elles sortent mécontentes et flétries, elles contractent soudain un endurcissement profond, compatible avec cette irritabilité, et qui les laisse encore plus accessibles à leur chétive colère. Elles ont à se beaucoup surveiller en ces instans pour ne pas devenir dures et cruelles ; et leur colère alors, si elle s'élève, est aiguë, quinteuse, convulsive, sans dignité, prompte au fait, raffinée en outrages, salissante de fiel, comme les accès d'un être faible et de tous les êtres qui intervertissent brusquement leur nature. Il n'est pas, a dit l'auteur de l'*Ecclésiastique*, de colère qui surpasse la colère de la femme. En général, il n'en est pas de plus instantanément cruelle et impitoyable que celle des natures tendres. Madame R. devenait souvent l'occasion et l'objet de ces hideux emportemens.

Les détours du cœur sont si bizarres, le mélange des vertus et des défauts est si inextricable, qu'il y a des femmes qui craignent plus de paraître maltraiter un prétendant que de le maltraiter en réalité. Madame R., par momens, était ainsi, presque glorieuse du mal que le monde d'à l'entour supposait consommé, affichant en public mille familiarités avec moi et des marques du dernier bien, tandis que sa vertu y mettait le plus d'obstacle en secret. Puis, en d'autres momens, revenue à une coquetterie plus naturelle et plus décente, elle voulait paraître aux autres insensible et presque indifférente à mon sujet, insinuant que j'étais un homme épris, pour qui elle n'avait rien que de l'amitié, et que je m'en désespérais, mais sans pouvoir m'affranchir. Cela m'était dit de deux ou trois côtés à la fois. A cette injure, je courais droit chez elle, et, en me hâtant par les rues, il m'échappait tout haut des paroles de blasphême; j'en étais averti par l'étonnement des passans qui tournaient la tête comme aux propos d'un insensé.

Mon ami, tant que nous n'aurons pas pour le bien ces mêmes élancemens de cœur et cette même vélocité de pieds que nous avions dans le mal, tant qu'à la première annonce d'un frère inconnu souffrant, d'une affliction à visiter, d'une misère à adoucir, nous ne courrons pas ainsi par les rues, murmurant, chemin faisant, des projets d'amour, laissant déborder des paroles de miséricorde, de manière que les passans se retournent et nous jugent insensés, nous ne serons pas des hommes selon la sublime folie de la Croix, des convertis selon le Christ de Dieu.

Un matin, étant arrivé brusquement chez elle, plus en train de vengeance, j'imagine, ou simplement le cerveau plus calciné par le soleil, peu à peu, après quelques rians préludes, j'entamai mes griefs en propos saccadés, scintillans, éclats suspects de cette gaîté louche qui fait peine à ceux qui nous aiment. Mais bientôt je passai outre, et, comme elle redoublait de défense et de réserve, l'égoïsme brutal ne se contint plus. A quelque réponse incrédule qu'elle me fit, j'osai lui déclarer crument pourquoi et dans quel but je l'avais aimée, quel avait été mon projet sur elle, mon espoir; que je lui en voulais mortellement de l'avoir déçu, d'augmenter mon mal en me déniant le remède; combien je la haïssais de ce qu'ainsi je souffrais physiquement à ses côtés; et puis à quelles sortes d'amour, à quelles infamies de plaisirs elle me réduisait; mais que je saurais l'amener de force à moi, ou m'arracher d'elle et la faire repentir. Je disais tout cela en paroles sèches, sifflantes, articulées, frappant du doigt, comme en mesure, sa plus belle boule favorite d'hortensia, d'où tombait à chaque coup une nuée de parcelles détachées. Elle m'écoutait debout, croisant les bras, pâle, violette et muette, dans un long sarreau gris du matin. Mais, indigné de cet impassible silence, et m'excitant au son de ma colère, je m'approchai d'elle, j'étendis la main et je l'enfonçai avec fureur dans la chevelure négligée qui s'assemblait derrière sa tête, la tenant ainsi sous ma prise et continuant à sa face ma lente invective. Le mince

roseau ne plia pas, il ne fut pas même agité.
Elle resta haute, immobile jusqu'au bout, souriant avec mépris à la douleur et à l'injure, comme une prêtresse esclave que ne peut traîner à lui le vainqueur. A la fin, de fatigue et de honte, je retirai ma main ; ses cheveux dénoués l'inondèrent; l'écaille du peigne, que j'avais brisé sous l'effort, tomba à terre en morceaux. Alors seulement, les yeux levés au ciel, avec une larme sur la joue, et rompant son silence : « Amaury, Amaury, est-il bien possible ? s'écria-t-elle ; est-ce vous qui me traitez ainsi ! » Ces scènes atroces étaient vite suivies, vous le pouvez croire, de soupirs, de prostrations à ses pieds et de tous les appels du pardon. Une rougeur tendre animait légèrement son teint; sa tête, long-temps raidie, se penchait avec lassitude et mollesse vers les coussins que je lui tendais; son front s'attiédissait de rosée; elle aurait eu besoin, on le voyait, de s'appuyer et de croire, et je lui disais avec des regards humides fixés sur les siens : « L'amour de deux êtres en ce monde n'est-il donc que le privilége de se donner l'un à l'autre les plus grandes douleurs? »
Mais ces paroles pompeuses mentaient encore.

Entre nous deux c'était pis et moins que les luttes terrestres de l'amour ; ce n'étaient pas même les feux errans de son venin et les rixes de ses jalousies.

A d'autres jours plus calmes, et quand je reprenais quelque peu le plan d'abord formé de délier avec douceur, assis près d'elle dans une causerie indulgente, je m'interrompais bien souvent pour lui dire : « Quoiqu'il arrive de moi, que je continue de vous voir toujours ou que je cesse entièrement et ne revienne jamais, croyez-bien à une affection pour vous, inaltérable et vraie, et à mon éternelle estime.» Ce mot d'*estime*, qui n'était que ma juste pensée, la faisait me remercier vivement et pleurer de reconnaissance. Mais toutes ces émotions répétées laissaient en elle des atteintes ineffaçables. Avant mes excès, elle n'admettait pas l'idée d'une rupture, quand par hasard j'en jetais en avant le mot. Désormais évidemment elle commençait à la craindre, à la croire en effet possible, à la désirer même en certains momens.

Mon ami, ne jugez pas que je vais trop loin dans mes aveux, que je souille à dessein le tableau pour en éteindre le premier attrait et rendre le tout plus odieux qu'il ne convient. Mon ami, ce que j'ose vous dire, n'est-il pas arrivé également à beaucoup? Ne suis-je pas plutôt resté en deçà du grand nombre des misères cachées? N'est-ce pas là l'ordinaire déchirement de tant de liaisons mondaines les plus décevantes, même parmi les classes les plus enviées? On voit les fêtes où glisse un couple volage, le devant des loges où il se penche, un air d'aimable accord, des manières éprises, des sourires piquans à la face du monde, les promenades et les chasses du matin dans les bois, toute cette gracieuse montée de la colline. Les adolescens qui passent au bas des terrasses retentissantes de rires ou d'harmonie, qui rencontrent ces folles cavalcades un moment arrêtées et s'étalant sur des nappes de verdure, aux marges ombragées des clairières, s'en reviennent tout dévorés, pensifs le long des prairies, et se composent dans le roman de leur désir un interminable tissu de félicités charmantes. Mais, ces jeux apparens des amours, on en ignore les nœuds et les crises. Mais, ces femmes si obéies, on ne les voit pas, dès le soir même souvent, dans les pleurs, nobles et pâles sous l'injure, se débattant contre une main égarée. Que de glaives jaloux tirés avec menace et lâcheté durant la surprise des nuits, pour faire mentir une bouche fidèle, pour soumettre un sein demi-nu! Combien, et des plus belles et des plus tendres, le front sur le parquet, ou sur leurs tapis de mollesse, sans oser pousser un cri, ont été traînées par la soie de leurs cheveux! Combien accablées de noms flétrissans, de paroles qui rongent la vie! Combien au réveil de la défaite, repoussées froidement par un égoïsme poli, plus insultant et plus cruel encore que la colère! Le monde se pique, en ces sortes de crimes, d'observer les dehors au moins, les formes de délicatesse. Il y en a, m'a-t-on dit, qui mettraient volontiers leur nom chaque lendemain matin chez les femmes immolées, comme après un bal ou un dîner d'apparat. Le monde se vante surtout qu'entre certaines gens bien nés, la querelle elle-même est décente, que la rupture n'admet point l'outrage. Le monde ment. L'astuce impure a ses grossièretés par où finalement elle se trahit. La boue des cœurs humains remonte et trouble tout dans ces luttes dernières, dans ces secousses où de factices passions se dépouillent et s'avouent. L'égoïsme de la nature sensuelle se produit hideusement, soit qu'il bouillonne en écume de colère, soit qu'il dégoutte en une lie lente et glacée. On arrive, au tournant des pentes riantes, à des fonds de marais ou à des sables.

Vous reconnaissez, mon ami, la vérité de ces observations amères. Vous-même, hélas! sans doute, vous en faites partie, vous y pourriez fournir matière autant que moi. Oh! du moins, si, comme il m'a semblé quelquefois le comprendre en certaines obscurités de vos paroles, vous avez, hors de ce pêle-mêle d'égaremens, quelque liaison meilleure et préférée, si le cœur d'un être rare, un cœur ému du génie de l'amour, a défailli, s'est voilé, a redoublé de tremblement ou de lumière à cause de vous, ô mon ami, ne vous effrayez pas de moi, je tâcherai de mesurer le conseil à vos circonstances, et, sans capitulation devant Dieu, de vous avertir d'un sentier de retour. Je vous dirai : Faites-vous d'abord de ce cœur aimé un asile contre les plaisirs épars qui endurcissent, contre les poursuites mondaines qui dissipent et dessèchent. Je ne suis pas de ceux, vous le savez, qui retrancheraient toute Béatrix de devant les pas du pélerin mortel. Mais souvenez-vous, mon ami, de ne jamais abuser du cœur qui se serait donné à vous, de ne faire de ce culte d'une créature choisie, qu'une forme translucide et plus saisissable du divin Amour. Si quelque soir de Vendredi-Saint, dans une église, à la grille du Tombeau qu'on adore, vous vous trouvez par hasard à genoux non loin d'elle, si, après le premier regard échangé, vous vous abstenez ensuite de tout regard nouveau, par piété pour le Sépulcre redoutable, oh! comme vous sentirez alors que vous ne l'avez jamais mieux aimée qu'en ces sublimes momens! De réels obstacles seraient-ils entre vous, mon ami? acceptez-les, bénissez-les; aimez l'absence! Fixez le rendez-vous habituel en la pensée de Dieu; c'est le lien naturel des âmes. Communiquez sans fin dans un même esprit de grâce, chacun sous une aile du même Ange. Si elle était morte déjà, intercédez pour elle, et à la fois priez-la d'intercéder pour vous; la prière alors est celle-ci : Mon Dieu, si elle a besoin de secours, faites que je lui sois secourable; si elle n'en a plus besoin, faites qu'elle me le soit! —

Considérez pour l'amour d'elle toutes les créatures humaines comme ses sœurs ; ce sont autant d'acheminemens à les aimer comme de purs enfans de Dieu. Quand vous retombez au mal, songez à ceci, qu'elle en sera tôt ou tard informée, qu'elle aura à s'en repentir pour vous, que l'esprit de grâce en sera contristé en elle. La peine et la honte que vous ressentirez à cette idée vous feront plus tôt revenir de votre conduite infidèle. Toutes les voies sont bonnes et justifiables, je l'espère, qui ramènent de plus en plus aux vallées du doux Pasteur. Ainsi, mon ami, effort et courage ! Si vous aimez vraiment, si l'on vous aime, que vous ayez ou non failli de cette ruine mutuelle trop chère aux amans, relevez-vous par le fait même de l'amour ; réparez, réparez ! transportez à temps l'affection humaine, encore vive, dans les années éternelles, de peur qu'elle ne s'obscurcisse avec les organes, et, comme eux, ne se surcharge de terre. L'âge pour vous va venir ; votre rire aimant sera moins gracieux, votre front se dépouillera davantage ; ses cheveux, à elle, blanchiront, chaque fin d'année y laissera sa neige. Réfugiez-vous d'avance où rien ne vieillit ! Faites que, nonobstant l'appesantissement des membres et la déformation des traits, le temps qui accablera vos corps rende à mesure vos âmes plus allégées. La vieillesse, qui vient après les délices sacrifiées de la dernière jeunesse, retrouvera jusqu'au bout les torrens de l'invisible sève, et se sentira tressaillir aux approches du printemps éternel. Deux êtres qui ont vécu l'un pour l'autre avec privation, désintéressement, ou expiation et repentir, peuvent s'entre-regarder sans effroi, malgré les rides inflexibles, et se sourire, jusque sous les glaces de la mort, dans un adieu attendri.

XX.

La colère, a-t-on dit, est comme une meule rapide de moulin qui broie en un instant tout le bon froment de notre âme. Au sortir de ces scènes de violence avec madame R., m'en revenant seul, plus broyé dans mon cerveau que si une roue pesante y avait passé, le cœur noyé de honte, j'allais, je me livrais à tous les étourdissemens qui pouvaient déplacer la douleur et substituer un nouveau remords au premier. Ainsi, par un enchainement naturel en ce désordre, la colère me renvoyait tout vulnérable aux voluptés, lesquelles, m'endurcissant le cœur, y augmentaient un sourd levain de colère. On a dit que les dissolus sont compatissans, que ceux qui sont portés à l'incontinence paraissent d'ordinaire chatouilleux et fort tendres à pleurer, mais que les âmes qui travaillent à demeurer chastes n'ont pas une si grande tendresse. Cela ne contredit nullement, mon ami, ce que je vous dénonce de l'endurcissement et de la facilité de violence qui suit les plaisirs. Saint-Augustin compare ces fruits étranges d'une tige amollie, aux épines des buissons, dont les racines sont douces. Saint-Paul, comme l'a remarqué Bossuet, range sur la même ligne et tout à côté les hommes sans bienveillance, sans chasteté, les cruels et les voluptueux. Je ne parle pas ici des femmes pécheresses et des samaritaines qui gardent plus souvent à part des fontaines secrètes de tendresse et de repentir. La sagesse païenne, exprimant la même liaison de famille entre les vices en apparence contraires, s'écrie par la bouche de son Marc-Aurèle : « De quelles voluptés les brigands, les

parricides et les tyrans ne firent-ils pas l'essai ! »
C'est qu'en effet il n'y a jamais dans le voluptueux qu'un semblant de compassion, une surface de larmes. Ses yeux se mouillent aisément avant le plaisir ; ils étincellent et s'enduisent d'une vague nitescence; on croirait qu'il va tout aimer. Mais prenez-le au retour, sitôt son désir éteint, comme il se ferme! comme il redevient sombre! la couche brillante du dégel s'est rejointe au glaçon. Tandis que l'homme chaste est sociable, bon à tous les instans, d'une humeur aimable, désintéressée, d'une allégresse innocente qui s'exhale jusque dans la solitude, et qui converse volontiers avec les oiseaux du ciel, avec les feuilles frémissantes des bois, le voluptueux se retrouve personnel, fantasque comme son désir, tantôt prévenant et d'une mobilité d'éclat qui fascine, tantôt, dès qu'il a réussi, farouche, terne, fuyard, se cachant, comme Adam après sa chute, dans les bois du paradis, mais s'y cachant seul et sans Ève. C'est qu'il a prodigué dans un but de plaisir rapace ce qui devait se répandre en sentimens égaux sur tous; il a dépensé en une fois, et à mauvaise fin, son trésor d'allégresse heureuse et de fraternelle charité; il fuit, de peur d'être con-

vaincu. Oh! dans ces jours d'abandon et de précipice, qui dira les fuites, les instincts sauvages, la crainte des hommes, où tombe l'esclave des délices? Qui dira, à moins de l'avoir rencontré à l'improviste, l'expression sinistre de son front et la dureté de ses regards? Souvent, au soir de ces heures flétries, ayant envie pourtant de me remettre, de me réhabiliter à mes yeux, par quelque conversation où l'esprit se mêlât, je me dirigeais vers une maison amie; puis, arrivé à la porte, je m'en proposais une autre, n'osant monter dans la première; et j'allais, je revenais de la sorte vingt fois sans entrer nulle part, sans plus savoir où j'en étais, me rebutant à chaque seuil, tant l'humeur en ces momens est plus farouche, tant la volonté plus vacillante!

Cependant, à force de dispersion et de récidive, j'en étais venu à un sentiment profond d'épuisement et d'arrêt. Il y a un moment en nous, plus ou moins hâté par l'emploi que nous faisons de notre jeunesse, un moment où sur tous les points de notre être une voix intérieure s'élève, où une plainte universelle se déclare. Ce premier holà retentit dans l'ordre de l'esprit comme dans la région des sens. Tout système d'idées qui se présente ne nous entraîne plus alors dans son tourbillon; la seule vue d'une femme belle ne nous arrache plus à nous-même. Dès le jour où ce double retard a commencé en nous, notre première jeunesse est passée; elle fait semblant de durer quelque temps, de monter encore, mais en réalité elle décroît et se retire. Si nous sommes sage, même ne l'ayant pas toujours été, c'est le moment de prendre le dessus et de nous affermir. Le temps des entraînemens et des anathèmes n'est plus; notre verdeur tourne à la maturité. Les coursiers effrénés s'apaisent; on les peut, vigoureux encore, appliquer au labour. Mais si l'on viole ce premier avertissement naturel que nous suggère la Providence, si l'on passe outre et qu'on étouffe en soi le murmure intérieur d'universelle lassitude, on se prépare des luttes plus désespérées, des chutes plus perdues, un désordre plus aride. Ce sentiment mélancolique et affaibli, que je vous ai dit éprouver autrefois quand je m'en revenais, le soir, à travers les vastes places et le long des quais blanchis de la lune, je ne le retrouvais plus dès-lors, mon ami. Le beau pont de fer où j'avais passé dans l'après-midi, triomphant, bruyant, et sonnant du pied comme Capanée, me revoyait, le soir, tête baissée, traînant mes pas, avec une âme aussi en déroute que celle de Xerxès quand il repassa son Hellespont. La sérénité de l'air, l'écharpe de vapeur du fleuve mugissant, la ville dans sa brume de pâle azur, tout cet éclat sidéral qui ensemençait sur ma tête les champs de l'infini tout n'était pour moi qu'une fantasmagorie accablante dont le sens m'échappait; ma terne prunelle ne voyait dans cette légion de splendeurs que des falots sans nombre, des lanternes sépulcrales sur une voûte de pierre.

Rendu pourtant au sentiment de moi-même par l'excès de mon néant, je méditais quelque grande réforme, une fuite, une retraite loin de cette cité de péril. J'étais tenté de m'aller jeter aux pieds d'un prêtre pour qu'il me tirât de mon abaissement. Je sentais que le frein qu'il m'eût fallu, je ne pouvais me l'attacher moi-même. Mais, en y songeant bien, je vois qu'alors il y avait de la honte à mes yeux de ma propre dégradation plus encore que du remords devant Dieu. Car, au lieu d'aller droit à lui dans cet état humilié, et tout ruisselant de cette sueur qu'il aurait parfumée peut-être d'une seule goutte de sa grâce, je me disais : Attendons que ma jeunesse soit revenue, que mon front soit essuyé, qu'un peu d'éclat y soit refleuri, pour avoir quelque chose à offrir à ce Dieu et à lui sacrifier. Et dès qu'un peu de cette fleur de jeunesse me semblait reparue, je ne la lui portais pas.

Au plus obscur de la mêlée intérieure, trois êtres distincts se détachaient toujours. Rentré chez moi, près de mon poêle bizarrement construit en autel, tournant le dos à ma chandelle oubliée, le front collé au marbre, je restais des heures avant de me coucher, dans un état de demi-veille, à contempler tout un torrent de pensées sorti de moi-même, et dont le flot monotone rongeait de fatigue mes yeux à demi fermés. Par degrés les trois êtres mystérieux m'apparaissaient alors dans ma nuit, et voici sous quelle forme la plus familière cette vision se dessinait : — J'étais seul, par une seule lueur crépusculaire, seul dans une espèce de lande déserte, dans ce carrefour de forêt que je vous ai dit. Le carrefour peu à peu devenait une bruyère connue, réelle, ou dont j'avais du moins une vague réminiscence, la bruyère de Couaën ou de la Gastine. Trois

femmes, toutes les trois pâlissantes, sans se
donner la main, s'approchaient de moi. Si je
regardais l'une d'elles, elle se mettait à rougir, et les autres pâlissaient davantage; si je
m'avançais vers l'une, assez près pour lui dérober la vue des deux autres, ces dernières se
mettaient à défaillir et à mourir, j'étais forcé
de me retourner à leur plainte. Si je me repla-
çais au milieu sans plus m'approcher d'aucune, évitant même de les regarder en face,
elles pâlissaient toutes les trois ensemble, de
manière à me faire pâlir avec elles et à me ta-
rir le sang de chaque veine dans leur mutuel
évanouissement. Une lente brise, s'élevant
alors des joncs et des genêts, petite et frisson-
nante, sèche, ayant du froid et de l'odeur de
la mort, répétait à mon oreille confuse un son
qui signifiait à volonté *Lucy, Herminie, Amélie;* je ne savais lequel des trois noms m'était
suggéré dans la ténuité de ce soupir, et mon
mal s'en augmentait, et tous nous nous fon-
dions en défaillance, comme après un jeûne
excessif ou un philtre affaiblissant, lorsque
soudain, mes genoux ayant fléchi d'eux-mêmes, une idée de prière entra dans mon cœur.
Agenouillé du côté de la plus lumineuse des

blanches figures, du côté de celle que vous devinez, mon ami, mais, cette fois, regardant le ciel, je priais donc, je priais pour toutes les trois, je demandais que l'une fût guérie, que l'autre oubliât, que l'autre se souvînt; et, la ferveur s'en mêlant, voilà que je revis bientôt dans une éclaircie de nuées, le reflet transfiguré des trois images; ou plutôt les réalités dont ces images d'en bas n'étaient que l'ombre. Celle vers laquelle j'étais tourné, et que je regardais alors dans l'azur, s'avançant vers moi, m'offrait de la main comme une branche verdissante, et les autres, en reculant avec lenteur, semblaient lui sourire et me pardonner. Et la petite brise de terre, qui soupirait les trois noms, était devenue une symphonie des Anges; mais un seul nom, le plus doux des trois, le plus céleste, y dominait, comme s'il eût été chanté dans les sphères sur des milliers de lyres!...

Un jour, au matin, étant allé chez madame de Cursy, je lus une lettre de Blois qui venait d'arriver à l'instant même. Madame de Couaën y avait mis un mot de compliment pour moi à la fin. Sa lettre entière exprimait un sentiment de résignation, de calme, de bonheur possible

jusque dans la souffrance. Après ce mot de souvenir à mon intention, elle ajoutait : « Dites-lui, ma bonne tante, vous qui savez si bien la douceur de l'acceptation volontaire, dites-lui ce que le cœur pieux gagne en bonheur à une vie simplifiée. » — Oui, je voulais simplifier ma vie, en accepter les ruines récentes, en rétablir les fondemens en un lieu haut et sacré, d'où l'étoile du matin s'apercevrait à chaque réveil. Rentré chez moi dans ces pensées, j'y trouvai précisément une lettre de mon aimable et mondain ami, qui m'écrivait de sa terre où il était retourné. De soudaines catastrophes avaient bouleversé sa passion, jusque-là trop embellie ; la bise du malheur ramenait à Dieu cette aile long-temps légère. Il me donnait des nouvelles de mademoiselle Amélie, sa voisine de campagne, qu'il avait vue depuis peu, et qui l'avait frappé par un redoublement d'abnégation et de constance ; madame de Greneuc était devenue plus infirme, et mademoiselle Amélie ne la quittait pas. — Après quelques regrets sur ses propres années, *dissipées si loin des devoirs* : « Mon ami, ajoutait-il, croyez-en
» un naufragé des passions, retirez-vous à temps
» de ces syrènes. Il est des époques, les prin-

12.

» temps surtout, les premières brises dans la
» forêt, où toutes les âmes que nous avons ai-
» mées et blessées reviennent à nous; elles re-
» viennent dans les feuilles, dans les parfums
» de l'air, dans l'écorce aux gerçures saignan-
» tes, qui simulent des chiffres ébauchés; elles
» nous assiégent, elles nous pénètrent; notre
» cœur est en proie par tous les points. Pau-
» vres âmes, vous êtes bien vengées! Oh! que
» d'essaims amers! que de nuées étouffantes!
» que de Didons s'enfuyant taciturnes par les
» bosquets! toutes mes allées sont peuplées
» d'ombres. »

Cet élan de douloureux conseils s'ajoutant à la sobre et sainte parole de madame de Couaën, cette rencontre précise de deux avis venus de si loin à la fois, me parut un signe non équivoque. Vous permettiez, ô mon Dieu, que cet ami si cher, qui m'avait servi de modèle trompeur en quelques endroits de ma chute, fût un des instrumens de mon retour; vous lui aurez tenu compte, dans votre miséricorde, de ce commencement de correction qu'il a opérée en mon cœur! J'étais allé la veille chez madame R.; je résolus d'y être allé pour la dernière fois. Le lendemain matin, je lui écrivis qu'elle ne s'étonnât pas de ne me point voir, qu'une affaire imprévue me retiendrait sans relâche tous les jours suivans; elle me répondit à l'instant même, avec inquiétude; elle envoya auprès de moi s'informer de ma santé et du motif. Je fus poli dans mes réponses, mais j'éludai; je parlai vaguement d'une brusque circonstance survenue, d'un voyage probable en Bretagne; elle comprit alors, elle n'écrivit plus; je ne la revis pas. M. R., s'il lut mes lettres, à quelques mots que j'y laissai percer, dut croire qu'un accès de dévotion m'avait pris, et put s'expliquer par-là cet évanouissement bizarre. Madame R. sortait peu, et, à moins de secousse artificielle, vivait volontiers tout le jour dans ses tièdes ennuis; j'évitai sa rue, son quartier, les promenades où je savais qu'elle s'asseyait quelquefois; je ne l'ai jamais depuis rencontrée, — non, — pas même au jour tombant, pas même dans l'incertitude de l'ombre! Plus tard, deux ou trois ans après, il me revint que M. R. avait obtenu un haut poste dans la magistrature. Une fois (j'étais prêtre déjà), une personne bavarde, que j'avais connue chez eux, et qui me parla, en m'abordant, comme si je n'avais cessé de les voir chaque matin, après m'avoir demandé de leurs nouvelles et s'être étonnée de mon ignorance, m'apprit que leur union intime s'était tout-à-fait resserrée, et qu'elle avait eu un fils qui faisait sa joie.

Lorsqu'on rencontre, après des années, des personnes qu'on a perdues de vue dans l'intervalle, et qui avaient un père, une mère, une épouse, des enfans chéris, on hésite à leur en demander des nouvelles, on craint de provoquer une réponse morne, un silence; et, si on le fait à l'étourdie, on se heurte bien souvent à des tombes. Mais même lorsqu'on sait que les êtres ne sont pas morts, on doit hésiter, après de longues absences, à interroger les amis sur leurs amis; car presque toujours ces amitiés, qu'on a connues vivantes et en fleur, ont eu chance de s'altérer et de mourir. On remue en celui qu'on interroge un passé flétri; d'un mot, on fait crier les griefs, les fautes, les haines, tout ce qui dormait sous des cendres; on rentr'ouvre aussi des tombes!

Ainsi j'allais simplifiant, élaguant coup sur coup les empêchemens de ma vie. Mais était-ce assez de retrancher des branches demi-mortes, si je n'avais la force d'en repousser de nouvelles et de propres aux fruits excellens ?

En rompant avec madame R., je rompais avec toutes ces liaisons éphémères du monde que je n'avais cultivées qu'à cause d'elle. Mon premier sentiment, une fois la résolution bien prise et mes réponses dépêchées, fut une expansion d'allégement infini et de délivrance. Je sortis durant deux jours entiers, me promenant par les jardins, dans les allées fréquentées ou désertes, avec un rajeunissement de gaîté et un singulier goût à toutes choses, comme le prisonnier qui retrouve l'espace libre et l'emploi des heures errantes. Il se mêlait, je le crois bien, à ma joie une pointe suspecte et l'assaisonnement d'une vengeance accomplie. Mais cette première vivacité sans but, cette blanche mousse de l'âme que l'instant du vide avait fait jaillir, s'étant vite évaporée, je me retrouvai, avec mon fonds, en présence de moi-même. Le second moment fut moins vif que le premier. C'était du calme encore, mais du calme sans sérénité, sans ciel entr'ouvert, du calme comme j'en éprouve à l'heure où je vous écris, sur cette mer qu'hier agitait la tourmente. Les vents sont tombés, mais les vagues, par leur impulsion acquise, continuent de battre, lourdes, troublées, clapotantes ; c'est un calme épaissi, nauséabond. J'éprouvai quelque temps cela après la passion tombée de madame R. ; les vagues détendues de mon âme s'entre-heurtaient pesamment.

Vous fûtes mon recours en cette pesanteur, ô Main qui seule apaisez les flots ! J'entrai plus avant dans la disposition réparatrice où je m'étais essayé bien des fois. Mais ce ne fut pas sans beaucoup d'alternatives et de vicissitudes encore. Comment vous les peindre, mon ami ? Plus d'une année, à partir de ce moment, se passera pour moi dans une succession irrégulière de grêle et de soleil, d'aridité et de fleurs ; la moisson, que j'aurai vue verdissante, rétrogradera ; épis naissans, boutons éclos, seront en une nuit coupés sur leur tige. Que d'efforts avant d'atteindre à ce vrai printemps des justes sur la terre, printemps qui n'est guère lui-même qu'un mars inégal et orageux ! Je ne vous égarerai pas, mon ami, dans l'infinité de ces alternatives ; je ne vous en marquerai que les principaux ensembles. Promettez seulement que vous ne vous lasserez pas trop de ces pauvres oscillations d'une âme ; souvenez-vous des vôtres ! Concevez espoir et courage, en voyant une telle faiblesse, qui pourtant n'a pas péri.

J'avais occasion de rencontrer au petit couvent un ecclésiastique respectable, qui, sans être supérieur en lumières, ne manquait aucunement de solidité ni d'agrément dans l'esprit, mais c'était surtout un homme de pratique et d'onction. L'idée du bien à faire et de la charité active m'arriva principalement par lui. Il était rentré en France vers 1801, et avait fort connu en Angleterre l'abbé Carron, sorti comme lui de Rennes. Il s'entretenait fréquemment de cette vie édifiante avec madame de Cursy, qui avait également connu M. Carron à Rennes, avant la révolution. Les longs récits, que tous deux à l'envi faisaient de ce saint prêtre, influèrent beaucoup sur moi. Le plus direct remède, le seul, aux passions invétérées, c'est l'amour chrétien des hommes. La miséricorde et l'amour sont le redressement des deux excès contraires, la guérison souveraine de tout orgueil comme de toute volupté. La miséricorde ou le pardon de l'injure est l'orgueil dompté, l'amour et la volupté rectifiée ;

le mot divin de *Charité* les comprend l'un et l'autre.

L'abbé Carron, sur lequel j'interrogeais tour à tour madame de Cursy et le bon ecclésiastique, était une de ces natures merveilleuses que Dieu a douées, dans sa prédilection, du don instinctif de l'aumône, de la prière et du soin des âmes; un rejeton refleuri de cette douce famille des saint François de Sales, des saint Vincent de Paule et des Bourdoise. A une grande simplicité de doctrine, à une candeur d'enfant qui se trahissait volontiers en rire d'innocence, l'abbé Carron unissait un sens particulier de spiritualité et des grâces extraordinaires qu'il dérobait humblement en son cœur. Voici pourtant deux surprenantes histoires qu'il avait été amené à raconter, dans un but fructueux, à l'ecclésiastique de qui je les tiens. Un jour, avant la révolution, à Rennes, étant vicaire dans l'une des paroisses de cette ville, il fut arrêté au sortir de l'église, vers l'heure du soir, par une jeune fille inconnue, qui lui demanda de la vouloir confesser. Il était tard; l'église allait fermer; il lui dit de revenir le lendemain : « Non pas, répondit-elle; qui sait, demain, si je voudrai encore ? » Il la confessa donc, et le résultat de cette confession fut de retirer la jeune fille du désordre où plusieurs hommes considérables l'avaient entraînée; l'abbé Carron la mit à l'abri de toutes poursuites dans un couvent. Peu de jours après, on vint le chercher un soir pour porter le viatique à un mourant; mais il fallait se laisser conduire sans s'inquiéter du lieu ni du nom. Le prêtre, muni de son Dieu, obéit. Arrivé à une maison de grande apparence, on l'introduisit sans lui parler, à travers une série d'appartemens, jusqu'à une chambre où se trouvait un lit aux rideaux fermés, qu'on lui désigna; et puis l'on sortit, le laissant seul. Alors seulement il s'approcha du lit, et, entr'ouvrant les rideaux, découvrit un corps étendu, sans vie, avec une arme à côté. Il crut qu'on l'avait appelé trop tard, et, sans s'efforcer de pénétrer le mystère, il attendit, en récitant les prières des morts, qu'on vînt le reprendre et le reconduire. A la fin plusieurs personnes entrèrent, et il leur dit ce qui en était. Mais, à cette vue, le bouleversement de ces hommes fut extrême; ils tombèrent éperdus à ses genoux, lui confessant que c'était à sa vie qu'ils en avaient voulu; qu'ils étaient les séducteurs de la jeune fille soustraite par lui à leurs plaisirs, et que le mort, l'instant d'auparavant en pleine vie, avait eu dessein de le frapper d'un coup quand il se serait approché. Sous l'effroi de la divine sentence, ils se jetèrent à la Trappe.

Un autre jour, étant au confessionnal, occupé d'un pénitent dont il espérait peu, l'abbé Carron, après son exhortation faite, poussa assez brusquement la planche de la grille, dans l'idée qu'il n'y avait rien à faire de cette âme pénible et rebelle. Mais, en ouvrant la planchette de la grille opposée, il entendit une voix qui lui adressait ces mots : « Je ne viens pas pour me confesser, mais pour vous dire que, quelles que soient la sécheresse et la difficulté d'une âme, il n'est pas permis d'en désespérer, et qu'elle a droit de retour à Dieu. » L'abbé Carron avait lui-même rapporté ce fait au bon ecclésiastique.

L'ecclésiastique avait encore appris, non pas de l'abbé Carron, mais d'un de ses pénitens les plus dignes, ancien officier de l'armée de Condé, M. de Rumédon, que celui-ci, étant à Jersey et se confessant pour la première fois au saint prêtre, se trouva tout d'un coup saisi, pendant l'exhortation finale, d'une rêverie involontaire; l'abbé Carron, interrompant alors le fil de l'exhortation, lui dit : « Pourquoi pensez-vous ainsi à telle et telle pensée ? » et il lui désigna les points précis de sa distraction.

Ces merveilleuses histoires, que je me faisais redire dans toutes leurs circonstances, et qui s'entremêlaient aux détails de l'infatigable charité et de cet art d'aumône qui était le génie propre à l'abbé Carron, trouvaient en moi une âme docile, heureuse de les admettre. J'estimais tout simple et légitime qu'il en advînt de la sorte à ces natures bienfaitrices, que n'arrêtent, dans leur essor vers le bien, ni les murailles des cachots ni les distances. Le sillon qu'elles tracent s'illumine sous leurs pas, me disais-je, tant elles ont déjà l'agilité de l'ange. L'invisible doigt écrit des lettres mystérieuses dans chaque vie; mais il faut un certain jour céleste, un certain degré d'embrasement, pour que ces lettres se déclarent. Un miracle, ce n'est que cet éclat inopiné des lettres, d'ordinaire obscures. Dès mes précédentes excursions philosophiques, j'avais appris à reconnaître, dans le théosophe saint-Martin, au milieu d'un encens perpétuel d'amour, de mystérieux rapports, des communications d'esprit à esprit, une vue facile à travers les interstices et les crevasses du monde visible. Toutes ces parcelles d'au-delà me revenaient, et m'avertissaient que ce n'était qu'attente et vestibule en cette demeure; je m'élevais à la signification chrétienne des choses. *Nunc videmus per speculum in œnigmate.*

Par une singulière coïncidence que je ne puis omettre ici, le saint abbé Carron dont je vous parle, et qui, tout absent qu'il était, devint un de mes maîtres spirituels, je ne l'ai vu qu'une fois dans ma vie, mais je l'ai vu en ce cul-de-sac même des Feuillantines, près de la maison où nous nous entretenions de ses œuvres. C'était en 1815, je crois, aussitôt après les Cent-Jours; il arrivait d'Angleterre. Un prêtre de ses amis, peu connu alors, depuis, bien illustre, l'abbé de La Mennais, était logé avec lui. Ils ne se quittèrent presque plus jusqu'à la mort du vieillard. Ainsi l'aumône et la doctrine s'étaient rencontrées; l'éloquence tenait embrassée la miséricorde.

Il y a des hommes que Dieu a marqués au front, au sourire, aux paupières, d'un signe et comme d'une huile agréable ; qu'il a investis du don d'être aimés ! Quelque chose à leur insu émane d'eux, qui embaume et qui attire. Ils se présentent, et à l'instant un charme à l'entour est formé. Les savans sourcilleux se déridentà leur nom et leur accordent de longues heures de causerie au fond de leur cabinet avare. Ceux qui sont misanthropes font exception en leur faveur, et ne disent qu'à eux leurs griefs amers, leur haine des hommes. Les filles désordonnées les aiment et s'attachent à leur manteau, pour ne les avoir vus qu'une fois; elles les supplient à mains jointes de revenir ; c'est un attrait qui n'est déjà plus celui du mal; elles semblent leur crier : *Sauvez-moi !* — Les femmes honnêtes envient leur commerce; les mondaines et les volages sont pour eux tout indulgence et touchées d'une sorte de respect. Ils entrent dans les maisons nouvelles, les enfans après quelques minutes courent volontiers entre leurs genoux. Les confidences des malheureux les cherchent. De nobles mains et des amitiés qui honorent leur arrivent de toutes parts, et des offres de jeunes cœurs à guider et des demandes de bon conseil. Oh ! malheur au serviteur chargé de ces dons,

13.

malheur, s'il en use, je ne dis pas pour tromper, pour réduire et trahir (celui-là est infâme), mais s'il en use au hasard et à son vague plaisir, s'il ne fait pas fructifier au service de tout ce talent d'amour, s'il rentre tard au palais du Maître, sans ramener derrière lui une longue file priante et consolée !

Je me représentais cela à moi-même après ces entretiens où l'abbé Carron m'était apparu à la tête de son troupeau de malades et de pauvres ; dans les vœux ardens que je faisais de suivre de loin sa trace, mon visage s'arrosait de larmes abondantes. Ce don précieux des larmes m'était revenu. Je l'avais fort perdu, mon ami, durant cette précédente année de dissipation, de manége frivole, de poursuites obstinées et de tiraillement. Ces sortes d'inquiétudes, a dit un Saint, font disparaître l'inestimable don avec autant de facilité que le feu fait fondre la cire. Mais quatre ou cinq jours après la rupture avec madame R., me promenant seul, sous une brume intérieure assez abaissée, je sentis tout d'un coup comme une source profonde se délier et sourdre en moi ; mes yeux s'épanchèrent en ruisseaux. Les pures scènes de Couaën, les commencemens de la Gastine et les blondes abeilles qui s'envolaient à mon approche, aux haies du verger, mon enfance surtout, la maison de mon oncle, ma fenêtre en face des longs toits rouillés de mousse, et les visions de l'azur, tout ce qu'il y avait eu de virginal et de docile à travers mes jours, me fut rendu. J'eus l'avant-goût de ce que peut être l'éternelle jeunesse, l'enfance perpétuée d'une âme dans le Seigneur.

Lorsque j'étais ainsi content de mes journées, auxquelles je mêlais d'antiques lectures et les fleurs incomparables des déserts, je venais plus souvent chez madame de Cursy, qui jouissait de me voir si heureusement changé, bien qu'elle n'eût jamais su la profondeur de mon oubli. Je suivais mon sentier, tout en lisant, le long des bois de son étroit jardin, comme Salomon enfant s'étudiant à la sagesse parmi les lis magnifiques des vallées. Si elle écrivait à Blois, je la priais de rendre témoignage à mon sujet, d'annoncer que je simplifiais ma vie. L'idée qu'elle le faisait était déjà une récompense. Vous ne me reprochiez pas ce mouvement de joie sensible qui se sanctifiait à votre crainte, ô mon Dieu !

Mais je n'ai pas dit encore les bises et les

grêles qui m'assaillaient avant d'en venir là, ou qui me frappaient au plus beau de mon espérance. On ne pacifie pas d'un coup ce qu'on a si long-temps déchaîné. Il y avait des jours pour moi sans liaison avec ce qui précédait, et qui remettaient en question tout l'avenir, de ces jours mauvais dès le matin, et qui font croire fermement au mal et au Tentateur. J'ai rarement pris les choses, mon ami, par le côté lugubre, par l'aspect de l'enfer et de Satan, par les grincemens, les rages et les flammes. C'est plutôt le bien, l'amour, l'attraction croissante vers le Père des êtres, le tremblement modeste des élus, la tristesse à demi consolée de la pénitence, c'est cela surtout que j'aime me proposer comme image et que je voudrais imprimer au monde. Mais pourtant le mal n'est pas chassé de nos os; l'antique corruption nous infecte encore, et, si nous la croyons vaincue, elle nous fait ressouvenir d'elle. On s'est couché dans la prière avec le soleil; on a vécu, durant des semaines, d'un miel et d'un froment à souhait préparés, on a goûté ces états délicieux de l'esprit que procurent les demi-journées de jeûne; — et voilà qu'on se réveille en gaîté folle, en soif ardente, proférant comme spontanément des mots blasphématoires, impies. Entre les nombreux démons, les anciens Pères en distinguent un qu'ils appellent *l'avant-coureur*, parce qu'il accourt dans un rayon tenter les âmes à peine éveillées, et qu'il descend le premier du char de l'aurore. Les mots empestés qui troublaient mon haleine me venaient de lui. Oh! demeurons purs toujours, si nous le sommes! Ne souillons jamais nos imaginations ni nos lèvres! car il est des momens où l'âme la plus secrète remonte, où le puits de l'abîme en nous est forcé. Époux, craignez, dans vos songes, de laisser échapper des mots honteusement obscurs entre les bras de l'épouse! Dans la maladie, si le délire nous prend, craignons qu'il ne nous échappe quelque débauche de parole qui fasse rougir nos mères ou nos sœurs, et leur décèle en nous des antres de ténèbres. Oh! vous tous qui l'êtes, restez purs de cœur, pour être certains que des sons purs seulement, des prières autrefois apprises, des versets de psaume mêlés à l'huile sainte, effleureront vos lèvres dans l'agonie.

Ma volonté trébuchait donc ces jours-là, comme une femme ivre, dès le matin. D'insensés et de dépravés désirs me sillonnaient. Mais d'autres fois, ce n'est que vers midi, après la première matinée assez bien passée, que l'ennui vague, le dégoût du logis, un besoin errant si connu des solitaires de la Thébaïde eux-mêmes et qu'ils ont appelé le démon du milieu du jour, vous pousse dehors, converti fragile et déjà lassé. Les images riantes des lieux, les ombrages de nos collines préférées et de nos Tempés, agitent en nous leurs fantômes. On se rappelle ces mêmes heures qui s'écoulaient autrefois dans des entretiens si doux. — Le roi David, midi un peu passé, monta sur la terrasse en marbre de son palais, et vit sur la terrasse d'en face se baigner la femme d'Urie ; il fut atteint de cette flèche qui vole au milieu du jour, et qu'il faut craindre, s'écriait-il dans sa pénitence, à l'égal des embûches de la nuit : *à sagittâ volante in die, ab incursu et dæmonio meridiano.*—On n'y peut tenir. Adieu l'étude et la cellule qu'on se prétendait faire ! Si l'on était au désert de Syrie comme Jérôme, on se roulerait à quelques pas de là sur le sable embrasé, et l'on rugirait comme un lion, à l'idée des dames romaines! Mais on est en pleine Rome ; on va par la ville, sur les ponts sans ombre, à travers les places abandonnées que torréfie une pluie de feu. On essuie le soleil de midi, le trouvant trop tiède encore au prix de la brûlure intérieure ; on le défie de nous la faire oublier, et l'on ne rentre enfin que brisé, ruisselant, heureux de se sentir hors de toute pensée. — Et cette rentrée n'est que d'un instant ; après quelque répit et assoupissement d'un quart d'heure, des formes robustes, épaisses, délices des prétoriens, violentes, des formes qu'on n'a vues qu'une fois à peine, il y a un an, deux ans peut-être, et qui nous ont ou rassasiés alors ou même déplu, nous reviennent dans une âpre et aride saveur. C'est là un des malheurs des anciennes chutes. Il semble qu'une fois vues et quittées, ces femmes s'oublient, n'excitant chez nous aucun amour. Erreur ! Elles laissent dans les sens des traces, des retours bizarres qui se raniment à de longs intervalles ; on veut à un moment tout retrouver. Rien n'arrête plus ; l'échec des premières impressions de ce jour a déjà compromis en nous le sentiment de la chasteté commencée, on précipite le reste ; on défait en une fois toute sa vertu, on gâte à plaisir tous ses bonheurs.

Et que devient jusqu'au bout cette semaine

ainsi entrecoupée d'un torrent, et sur qui l'avalanche a croûlé ? Comment, le lendemain, reprendre le livre entr'ouvert à la page où notre crayon avait noté quelque ascétique sentence, à l'endroit où le Sage nous dit d'attacher les préceptes du Seigneur comme des anneaux d'or à nos doigts, pour les voir toujours; où saint François de Sales nous entretient de la chasteté, ce lis des vertus, et de sa belle blancheur ? Ces semaines-là se terminent donc en mille serpens épars ou chiens aboyans, comme le ventre de la Sirène. Une petite fille de cinq ans, à qui l'on disait qu'elle gâtait ses dents à force de sucreries, fit cette réponse : « Oh! ces dents-là tombent, je me corrigerai quand j'aurai des dents neuves. » Nous sommes tous plus ou moins comme cet enfant; au moindre échec, à la première chute, nous poussons à bout notre défaite; nous attendons des jours neufs, nous nous fixons de solennels délais avant de nous remettre : — Pâques, — Noël, — la semaine prochaine. Nous passons bail avec nos vices, et renouvelons sans cesse les termes, par égard pour l'hôte impur. Nous faisons comme l'écolier en désordre qui salit d'autant plus le cahier qu'il achève, qu'il se promet de mieux remplir le cahier suivant.

Mais le Tentateur ne descendait pas toujours glorieux ou furieux, emportant mon âme sur le char du soleil, la roulant dans l'arène brûlante; il se glissait aussi le long des traces plus réservées, dans le fond de cette vallée de la Bièvre que je remontais un livre à la main, ou par-delà Vanvres, doux, silencieux, sous le nuage de mes rêveries. Sachons reconnaître et craindre les moindres nuages.

Il y avait d'autres jours où, sans préambule, sans nuage et sans ardeur, il me surprenait comme un voleur en embuscade, comme l'ennemi sauvage, couché à terre, qu'on prendrait de loin pour une broussaille, et qui se relève inopinément.

Il y avait des jours encore où, s'emparant avec adresse de ma joie ingénue, qui naissait d'une conscience meilleure, il me dissipait insensiblement, et m'envoyait une touffe de violettes à la main, jouer et m'égayer à travers les périls, comme dans la rosée, et regarder nonchalamment ou vivement chaque chose, comme d'un balcon; mais il me laissait rentrer sain et sauf, de manière que, la fois suivante, je me crusse invulnérable.

Quelquefois, il se couvrait du manteau du bon Berger, et me conseillait, dès le matin, des courses d'amitié ou d'aumône. « Ce démon particulier, dit quelque part un des Pères dans Cassien, nous suggère d'honnêtes et indispensables visites à des frères, à des malades voisins ou éloignés. Pour nous tirer dehors, il sait nous indiquer de pieux devoirs à remplir : qu'il faut cultiver davantage ses proches; que cette femme dévote, sans famille, sans appui, a besoin d'être visitée, et réclame nos soins; que c'est une œuvre sainte de lui procurer ce qu'elle n'attend de personne au monde, si ce n'est de nous; que cela vaut mieux que de rester inutile et sans profit pour autrui dans sa cellule. » Et de même il me suggérait, dès le matin, des visites de pauvres ou de personnes respectables, par-delà des quartiers distrayans qu'il me fallait côtoyer.

Car, dès ces temps-là, mon ami, je tâchais surtout de me guérir de l'égoïsme des sens par le spectacle des misères vivantes, sachant que rien n'est plus opposé au génie de la volupté que l'esprit de l'aumône. Mais combien de fois, au plus fort des meilleures résolutions, jurant d'épargner jusqu'au moindre denier pour la bonne œuvre samaritaine, et m'en revenant de quelque visite, les yeux encore humides de larmes et dans le murmure du nom en mémoire duquel je voulais édifier ma vie, combien de fois il suffisait d'un simple hasard pour tout renverser! Et je retombais du degré trois fois saint de serviteur des pauvres, de ce parvis d'albâtre et de porphyre où Jésus lave leurs pieds, dans l'ignominie des plaisirs. Nous ne sommes rien sans vous, ô mon Dieu! La charité, sans le canal régulier de la piété, est comme une fontaine dans les sables, qui vite y tarit.

Et pourtant quelles émotions comparables à celle de la pure charité, une fois qu'on en a ressenti la fraîcheur, et contre quelles autres les devrait-on échanger? Voici une de ces joies naïves que l'abbé Carron avait racontées à l'ecclésiastique, une des joies qui faisaient époque dans sa vie, et qui, par transmission, ont fait époque dans la mienne. Je m'en souviens toujours d'abord, quand je veux me figurer quelque chose de la félicité empressée, légère, toute désintéressée, des anges. Pendant les premiers temps qu'il était vicaire à Rennes, M. Carron fut appelé dans une famille tombée par degrés d'une ancienne opulence au plus bas de la détresse. Les ressources dont il pouvait disposer étaient modiques, insuffisantes; ses relations dans la paroisse étaient encore très-resserrées. En s'en revenant, il songeait au moyen d'appeler à l'aide quelque autre bienfaiteur plus efficace. C'était un jour de Vendredi-Saint : il avait entendu parler, la veille, d'une personne étrangère, admirablement bienfaisante, d'un Anglais protestant, établi depuis peu dans la ville. Il résolut de lui écrire, et, à peine rentré, il le fit, marquant les principales circonstances de la détresse de cette famille, invoquant la solennité d'une semaine si sacrée à tous les chrétiens, et sans d'ailleurs se nommer. Quelques jours après, étant retourné vers la famille, il s'informa si personne n'était venu dans l'intervalle; on lui répondit que non. Il continua d'y venir de temps à autre, et crut que cette lettre par lui écrite n'avait eu aucun effet. Il en souffrait un peu néanmoins, et en tirait tout bas quelque réflexion assez chagrine sur le caractère incomplet de cette bienfaisance des hérétiques.

Mais, environ un an après, un jour, il entendit par hasard, dans cette famille, prononcer un nom nouveau, et s'informant de quelle connaissance il s'agissait, remontant de question en question, il vint à comprendre que c'était son riche étranger qui avait fait raison à l'appel, et qui l'avait fait à l'instant même, et dès le jour de Pâques, ayant reçu sa lettre la veille. Mais les pauvres gens n'avaient osé avouer alors ce surcroît de secours à l'abbé Carron, craignant que peut-être cela ne le ralentît pour eux. La joie de M. Carron en apprenant que son appel avait réussi, fut immense, et la plus transportante qu'il eût jamais eue, disait-il. Il revint avec des bonds de cœur, en s'accusant d'avoir douté d'un frère, en priant pour sa conversion à l'entière vérité, en ayant foi plus que jamais à l'union définitive des hommes. — Si toutes les histoires merveilleuses sur l'abbé Carron me semblaient presque naturelles, cette dernière, si naturelle, me semblait la plus merveilleuse encore. Mettez en balance un atome de ces joies lumineuses avec celles qui ne sont pétries que de sang et de terre !

Dans les derniers temps du combat, à chaque

reprise des obscurcissantes délices, il m'en restait un long sentiment de décadence et de ruine. Pour en secouer l'impression pénible, pour tromper un peu cette fuite précipitée de moi-même et de ma jeunesse, — dans la plaine des environs, à plusieurs lieues à l'entour, — où par un ciel voilé d'avril, ayant à la face un petit vent doux et mûrissant, ou par ces jours non moins tièdes et doux d'une automne prolongée, jours immobiles, sans ardeur et sans brise, quand il semble que la menue saison n'ose bouger de peur d'éveiller l'hiver, j'employais les heures d'après-midi à parcourir à pied de grands espaces ; et, m'enhardissant ainsi en liberté et en solitude, j'essayais de croire que je n'avais jamais été plus avide, plus inépuisable à tous les vœux et à tout l'infini de l'amour. Je me disais, en frappant du front, comme un jeune bélier, la brise mollissante : C'est le printemps, un nouveau printemps en moi, qui s'approche, et non pas l'hiver ! — Et, en d'autres jours, où rien ne s'était commis, éprouvant jusqu'à la moelle un apaisement profond, un sentiment de tranquillité bien plutôt que de ruine, au lieu d'acquiescer et de bénir, et de reconnaître avec joie que l'âge féroce expirait, au lieu d'être heureux de cette indifférence, pareille à celle d'Alipe, qui eût laissé régner mon esprit et mon cœur, je me repentais de moi; je me trouvais moindre en face de l'univers, irrité, humilié de toute cette poussière des êtres qui volait dans les nuages, et que mon énergie première se serait crue suffisante à enflammer. Il y avait des places sur ma tête où les cheveux maigris ne repoussaient guère; il y avait dans mon cœur des vides où séchaient, comme l'herbe morte, les naturels désirs. Je redemandais la fumée et l'obscurcissement intérieur avec l'étincelle inextinguible. J'aurais arraché aux dieux païens et aux fabuleux amans leur breuvage immortel.

Et puis, un matin, un soir quelquefois, tout se remettait subitement au bien, de même que tout s'était bouleversé sans cause certaine. Le lis des vertus relevait sa tige, le miel savoureux et calmant distillait sa douceur qu'on ne peut décrire! Après une quinzaine heureuse, quelle lucidité! quelle paix! quelle facilité de vaincre! A la moindre pensée suspecte, mes sens eux-mêmes frissonnaient de crainte; signe excellent, une frayeur profonde traversait ma chair.

Je croyais en ces momens à la Grâce d'en haut, comme précédemment j'avais cru au mal et au Tentateur.

XXI.

J'en suis aux mers calmes; j'approche du grand rivage. Encore un peu d'effort, ô mon âme! — Encore un peu d'indulgence, ô mon ami! — nous échappons aux navigations obscures.

Mes études et mes lectures se faisaient chrétiennes de plus en plus. Mais ce n'était pas une étude dogmatique, une démonstration logique ou historique que je me proposais; je n'en sentais pas principalement le besoin. La persuasion au christianisme était innée en moi et comme le suc du premier allaitement. J'y avais été infidèle avec révolte dans mon juvénile accès philosophique; mais ensuite, ç'avait été ma vie, bien plutôt que mon esprit et mon cœur, qui en était restée éloignée. Toutes les fois que je revenais à bien vivre, je redevenais spontanément chrétien. Si je voulais raisonner sur quelque haute question d'origine ou de fin, et d'humaine destinée, c'était dans cet ordre d'idées que je me plaçais naturellement, c'était cet air de la Montagne-Sainte que je respirais, comme l'air natal. Du moment que les choses invisibles, la prière, l'existence et l'intervention de Dieu, reprenaient un sens pour moi et me donnaient signe d'elles-mêmes, du moment que ce n'étaient pas de pures chimères d'imagination dans un univers de chaos, le Christianisme dès-lors me reparaissait vrai invinciblement. Il est, en effet, le seul côté visible et consacré par lequel on puisse embrasser ces choses, y adhérer d'une foi permanente, se mettre en rapport régulier (*rité*) avec elles, et rendre hommage en chaque pas à leur autorité incompréhensible ; il est l'humain support de toute communication divine. Aimer, prier pour ceux qu'on aime, faire le bien sur terre en vue des absens regrettés, en vue des mânes chéris et de leur satisfaction ailleurs, dire un plus ardent *De profundis* pour ceux qu'on a un instant haïs, vivre en chaque chose selon l'esprit filial et fraternel, avoir aussi la prompte indignation contre le mal, mais sans l'aigreur du péché, croire à la grâce d'en haut et à la liberté en nous, voilà tout l'intime Christianisme. Dans mes lectures, les questions théologiques, quand elles se présentaient, m'inquiétaient peu; je m'appliquais pourtant à les saisir et à les étudier. Mais les contradictions apparentes : les excès des opinions humaines mêlées à la pure doctrine, ne me troublaient pas. Il se faisait une séparation naturelle dans mon esprit, un départ de ce qui n'était pas essentiel; la rouille de l'écorce se déposait d'elle-même. La chute primitive, la tradition éparse et l'attente des Justes avant le Messie, la rédemption par l'Homme-Dieu, la perpétuité de transmission par l'Église, la foi aux sacremens, étaient des points sur lesquels mon esprit ne contestait pas. Le reste qui faisait embarras s'ajournait aisément, ou s'aplanissait encore, à l'envisager avec simplicité, et seulement au fur et à mesure du cas particulier et de la pratique effective. Je ne me construisais donc pas de système. D'ailleurs les faits de science et de certitude secondaire, les vérités d'observation et de détail ne me paraissaient jamais pouvoir être incompatibles avec les données supérieures; je croyais beaucoup plus de choses conciliables entre elles qu'on ne se le figure d'ordinaire, et j'étais prêt à admettre provisoirement chaque fait vrai, même quand le lien avec l'ensemble ne me semblait pas manifeste. — Une fille de Rois, qui, sans être grande théologienne, avait l'esprit très-cultivé et une belle intelligence, mademoiselle de Montpensier, remarque quelque part admirablement, qu'après avoir beaucoup rêvé sur le bonheur de la vie, après avoir exactement lu les histoires de tous les temps, examiné les mœurs et la différence de tous les pays, la vie des plus grands héros, des plus accomplies héroïnes et des plus sages philosophes, elle n'a trouvé personne qui, en tout cela, ait été parfaitement heureux ; que ceux qui n'ont point connu le Christianisme le cherchaient sans y penser, s'ils ont été fort raisonnables, et, sans savoir ce qui leur manquait, s'apercevaient bien qu'il leur manquait quelque chose. Et ceux, au contraire, disait-elle, qui, l'ayant connu, l'ont méprisé et n'ont pas suivi ses préceptes, ont été malheureux ou en leurs personnes ou en leurs états. Je me tenais volontiers, mon ami, à des conclusions assez semblables. Je remarquais que tout ce qu'il y a de vraiment heureux ou de bon moralement dans les actes et dans les hommes, l'est juste en proportion de la quantité de Christianisme qui y entre. Examinez bien, en effet, et ce qui semble peut-être d'une vérité vague dans l'énoncé général, deviendra pénétrant dans le détail, si vous y insistez de près. Cette vérification que j'aimais à faire sur les grands hommes du passé, ou plus directement encore sur les hommes mes contemporains, et sur ceux que j'avais familièrement observés, équivalait pour moi à de bien laborieuses démonstrations historiques de la vérité chrétienne. Je prenais une à une les passions, les facultés, les vertus; toujours ce qui en était le meilleur emploi et la perfection me ramenait droit à la parole de l'Apôtre. Je prenais, je prends encore quelque fois un à un dans ma pensée les hommes à moi connus, et, en tâchant d'éviter de mon mieux la témérité ou la subtilité du jugement, je me dis :

Élie est une noble nature, nature tendre sans mollesse, ouverte et facile d'intelligence, élevée sans effort, égale pour le moins à toutes les situations, aumônière et prodigue avec grâce. Son abord enchante comme s'il était de la race des rois. S'il parle, il est disert; s'il écrit, sa plume est d'or. Il est chrétien et pratique docilement. Et pourtant, à la longue, près de lui vous sentez du froid, une glissante surface qui s'interpose entre son âme et vous, des jugemens légers, indifférens, contradictoires sur des matières où il s'agit de droit inviolable et d'équité flagrante pour le grand nombre. C'est qu'il a son habileté propre, son plan de prudence insinuante. Il ne s'indigne jamais, il se ménage dans des buts lointains et secondaires; ou peut-être n'est-ce chez lui qu'une habitude ancienne, due à son long séjour chez les aimables Pères de Turin. Il est chrétien, ai-je dit; mais toutes les fois que dans l'accord de sa belle nature vous tirez un son moins juste et plus sourd, c'est que vous touchez un point médiocrement chrétien.

Hervé est chrétien aussi; il a mille vertus; à l'âge où le cœur commence à se ralentir, il a gardé la chaleur d'âme et l'abandon de l'adolescence. Lui qu'on serait prêt à révérer, il tombe le premier dans vos bras, il sollicite aux amitiés fraternelles. Mais d'où vient qu'en le connaissant mieux, en l'aimant de plus en plus, pourtant quelque chose de lui vous trouble, et par momens obscurcit ce bel ensemble, comme un vent opiniâtre qui écorche la lèvre au sein d'un paysage verdoyant? C'est que son impétuosité dans ses idées est extrême; il s'y précipite avec une ardeur qu'on admire d'abord, mais qui lasse bientôt, qui brûle et altère. C'est son seul défaut; le chrétien parfait n'y tomberait point. Le chrétien parfait est plus calme que cela, surtout dans les produits de la pensée; il se défie de l'efficace de ses propres conceptions et de sa découverte d'hier soir touchant la régénération des hommes; il est plus rassuré sur les voies indépendantes et perpétuelles de la Providence; il réserve presque toute cette fièvre d'inquiétude pour l'œuvre charitable de chaque journée.

Et cet autre, ce Maurice, également si bon, si pauvre en tout temps, si désintéressé, il croit à une idée supérieure à lui, il s'y dévoue comme à une chose autre que lui, il vous convie tout d'abord à vous y dévouer, et il oublie que c'est lui qui a engendré cette idée et qui chaque matin la défait, la refait et la répare. S'il vivait un peu moins en cette plénitude confuse et tourbillonnante qui vous repousse, que serait-il, sinon plus éveillé sur lui-même, sinon plus chrétien ?

Et s'ils songeaient plus à l'être, y aurait-il à noter chez l'un, avec sa dignité véritable de caractère, cette raideur vaniteuse et infatuée, chez l'autre, avec ses qualités intègres ou aimables, cette mesquinerie un peu égoïste qui émiette et pointille, qui retranche à la moindre action ; chez cet autre, avec un fonds généreux, ce propos déshonorant, et qui fait fuir toute divine pensée ? A chaque défaut gros ou petit, mais réel, qu'un ami vous laisse apercevoir, vous pouvez dire : S'il n'avait pas ce défaut, que serait-il, sinon plus chrétien ?

Et si, pensant à tel ou tel de vos amis chrétiens, vous étiez tenté de vous dire : « Mais il est trop mou et trop benin de caractère, trop crédule et trop simple agneau devant les hommes ; voilà son défaut réel trouvé, il est trop chrétien, » — détrompez-vous ; réformez en idée ce léger défaut, cet excès de simplicité en lui, raffermissez ce caractère, aiguisez ce discernement, allumez parfois un rapide éclair de victoire à la paupière de ce docile Timothée ; donnez-lui cette perspicacité sainte de laquelle l'Apôtre a dit : qu'elle est plus perçante que tout glaive, et qu'elle va jusqu'à la division de l'esprit et de l'âme, des jointures et des moelles, des pensées et des intentions ; oui, faites circuler en sa veine, au besoin, un souffle de l'archange qui combat, faites aussi que sa pensée soit assez agile pour courir à travers les cœurs, assez fine pour passer, en quelque sorte, entre la lame intérieure du miroir et le vif argent qui y adhère ; ajoutez-lui tout cela, et qu'il garde ses autres vertus, et vous l'aurez encore plus chrétien.

Et si ces amis louables et bons, ces vivans de notre connaissance, que j'aime ainsi à choisir tout bas un à un, pour les voir confirmer de leurs défauts mêmes la parole de l'Apôtre, nous choquaient trop à la longue par ces taches que nous distinguons en eux, qu'est-ce, mon ami, sinon que nous serions à notre tour moins chrétiens qu'il ne faudrait? Le chrétien, en effet, n'est pas si aisément dégoûté ni incommodé par des rencontres inévitables. Avec le discernement aiguisé des défauts, il en a la tolérance la plus tendre. L'odeur de ces plaies secrètes l'attire et ne le rebute pas. Il reste constant et fidèle, en même temps que détaché dans le sens voulu. Il remercierait presque ses frères de leurs défauts, qui l'éclairent sur les siens, il les en plaint avant tout. Il s'en inflige d'abord la peine à lui-même, et puis il est ingénieux et modeste à les reprendre en eux : *cum modestiâ corripiens eos.*

L'ecclésiastique dont je vous ai parlé avait hérité d'un parent, qui venait de mourir, une belle bibliothéque sacrée ; j'allai la voir avec lui. C'était dans la rue des Maçons-Sorbonne, au premier étage d'une de ces maisons sans soleil où avait dû demeurer Racine, la même peut-être dont il avait monté bien des fois l'escalier inégalement carrelé, à large rampe de bois de noyer luisant. La bibliothéque remplissait deux vastes chambres, et renfermait, entre autres volumes de théologie, un grand nombre de livres jansénistes, ou, à vrai dire, la collection complète de cette branche. Depuis le fameux *Augustinus* de l'évêque d'Ypres jusqu'au dernier numéro, daté de 1803, de ces *Nouvelles ecclésiastiques* clandestinement imprimées durant tout le dix-huitième siècle, il n'y manquait rien. J'y pus aller à loisir pour feuilleter et mettre à part ce que j'en voudrais emporter. J'y appris bientôt en détail l'histoire de l'abbaye de Port-Royal des Champs, et l'impression fut grande sur moi, d'un si récent exemple des austérités primitives.

O vents qui avez passé par Bethléem, qui vous êtes reposés au Pont sur la riante solitude de Basile, qui vous êtes embrasés en Syrie, dans la Thébaïde, à Oxyrinthe, à l'île de Tabème, qui avez un peu attiédi ensuite votre souffle africain à Lérins et aux îles de la Méditerranée, vous aviez réuni encore une fois vos antiques parfums en cette vallée, proche Chevreuse et Vaumurier, vous vous y étiez arrêtés un moment en foyer d'arômes et en oasis rafraîchi, avant de vous disperser aux dernières tempêtes!

Il y avait dans Port-Royal un esprit de contest et de querelle que je n'y cherchais pas et qui m'en gâtait la pureté. J'entrais le moins possible dans ces divisions mortes et corruptibles que l'homme en tout temps a introduites dans le fruit abondant du Christianisme. Heureux et sage qui peut séparer la pulpe mûrie de la cloison amère, qui sait tempérer en silence Jérôme par Ambroise, saint Cyran par Fénelon! Mais cet esprit contentieux, qui avait promptement aigri tout le Jansénisme au dix-huitième siècle, était moins sensible ou moins aride dans la première partie de Port-Royal réformé et durant la génération de ses grands hommes. C'est à cette ère d'étude, de pénitence, de persécution commençante et subie sans trop de murmure, que je m'attachai. Parmi les solitaires, dans la familiarité desquels j'entrai de la sorte plus avant, derrière les illustres, les Arnauld, les Saci, les Nicole et les Pascal, il en est un surtout que je veux vous dire, car vous le connaissez peu, j'imagine, et pourtant, comme saint Martin, comme l'abbé Carron, il devint bientôt l'un de mes maîtres invisibles.

Tous ont et se font plus ou moins dans la vie de tels maîtres. Mais s'il est des natures fortes qui osent davantage, qui prennent plus aisément sur elles-mêmes et marchent bientôt seules, regardant de temps en temps en arrière si on les suit, il en est d'autres qui ont particulièrement besoin de guides et de soutiens, qui regardent en avant et de côté pour voir si on les précède, si on leur fait signe, et qui cherchent d'abord autour d'elles leurs pareilles et leurs supérieures. Le type le plus admirable et divin de ces filiales faiblesses est Jean, qui avait besoin pour s'endormir de s'appuyer contre l'épaule et sur la poitrine du Sauveur. Plus tard, il devint fort à son tour, et il habita dans Patmos comme au haut d'un Sinaï. — J'étais un peu de ces natures-là, premièrement infirmes, implorantes et dépareillées au milieu d'une sorte de richesse qu'elles ont ; j'avais hâte de m'attacher et de m'appuyer. Ainsi, dans le monde actif et belliqueux, j'aurais été avec transport l'écuyer de Georges, l'aide-de-camp de M. de Couaën ; je me serais fondu corps et âme en quelque destin valeureux. Passionné de suivre et d'aller, j'aurais choisi éperdument Nemrod à défaut du vrai pasteur. Des natures semblables, vouées envers les autres au rôle de suivantes affectueuses ou de compagnes, se retrouvent dans tous les temps et dans les situations diverses ; elles sont Éphestion aux Alexandre, elles sont l'abbé de Langeron aux Fénelon. Elles se décourageraient souvent et périraient à terre si elles ne rencontraient leur support ; Jean d'Avila se mourait d'abattement quand il fut relevé par Thérèse. Mais il en est aussi qui errent et se perdent en toute complaisance d'amitié, comme Mélanchton qu'emmena Luther. Dans les lettres mêmes, il est ainsi des âmes tendres, des âmes *secondes*, qui épousent une âme illustre et s'asservissent à une gloire : Wolf, a dit quelqu'un, fut le prêtre de Leibnitz. Dans les lettres sacrées, Fontaine suivait Saci, et le bon Camus M. de Genève. Oh ! quand il m'arrivait d'entrer pas à pas en ces confidences pieusement domestiques, comme ma nature admiratrice et compréhensive se dilatait! comme j'aurais voulu avoir connu de près les auteurs, les inspirateurs de ces récits! Comme j'enviais à mon tour d'être le secrétaire et le serviteur des grands hommes! Ce titre d'*acolyte* des saints et des illustres me semblait, ainsi que dans l'église primitive, constituer un ordre sacré. Après mon désappointement dernier dans les guides turbulens de ma vie extérieure, j'étais plus avide encore de me créer des maîtres invisibles, inconnus, absens ou déjà morts, humbles eux-mêmes et presque oubliés, des initiateurs sans bruit à la pitié, et des intercesseurs; je me rendais leur disciple soumis, je les écoutais en pensée avec délices. Ainsi je fis alors pour M. Hamon, car c'est lui de qui je veux parler.

M. Hamon était un médecin de la Faculté de Paris qui, à l'âge de trente-trois ans, vendit son bien et se retira à Port-Royal des Champs. Toujours pauvre, vêtu en paysan, couchant sur un ais au lieu de lit, ne mangeant que du pain de son qu'il dérobait sur la part des animaux, et distribuant ses repas en cachette, sa vie fut une humilité, une mortification et une fuite continuelles. Il anéantissait sa science dont les malades seuls ressentaient les effets. On l'aurait jugé, à le voir, un homme du commun et un manant des environs ; dans la persécution de 1664 contre Port-Poyal, il dut à ce mépris que sa simplicité inspira, de rester au monastère à portée des religieuses captives, auxquelles il rendit tous les soins de l'âme et du corps. Cet homme de bien, consommé d'ailleurs dans les lettres, avait pris en amitié le jeune Racine, qui était aux écoles de Port-Royal, et il se plaisait à lui donner des conseils d'études. Racine s'en souvint toujours ; il apprécia cette sainteté couronnée de Dieu dans l'ombre, et, par testament, il demanda à être inhumé à Port-Royal, aux pieds de M. Hamon. Image et rétablissement du règne véritable ! O vous qui avez passé votre vie à vous rabaisser comme le plus obscur, voilà que les grands poètes, chargés de gloire, qui meurent dans le Seigneur, demandent par grâce à être ensevelis à vos pieds selon l'attitude des écuyers fidèles !

Je trouvai dans cette bibliothéque précieuse et je lus tous les écrits de M. Hamon. Ils sont négligés de composition et de style ; il se serait reproché de les soigner davantage. Il n'écrivait qu'à son corps défendant, par ordre de ses amis illustres, de ses directeurs, et leur injonction ne le rassurait pas sur son insuffisance. Il se repentait de se produire et de violer la religion du silence, qui sied, disait-il, aux personnes malades et qu'il ne leur faudrait rompre que par le gémissement de la prière. La bonne opinion de ceux qu'il estimait ses supérieurs lui était comme un remords, comme un châtiment de Dieu et une crainte : « Que sais-je si Dieu ne me punit pas de ma vanité du temps passé, en permettant maintenant que mes supérieurs aient trop d'estime pour moi! » Il aurait dit volontiers, avec le *Philosophe inconnu,* que, par respect pour les hautes vérités, il eût quelquefois mieux aimé passer pour un homme vicieux et souillé, que pour un contemplateur intelligent qui parût les connaître. « La grande et respectable vérité, s'écriait saint Martin dans un accès d'adoration, m'a toujours semblé si loin de l'esprit des hommes, que je craignais bien plus de paraître sage que fol à leurs yeux. » M. Hamon était habituellement ainsi. Il raconte lui-même, dans une relation ou confession, tracée à son usage, de quelques

circonstances de sa vie *, la première occasion qui le détermina à écrire. Avec quelle émotion n'en lisais-je pas les détails, qui me rappelaient des lieux si fréquentés de moi, des alternatives si familières à mon propre cœur! —
« La première fois, disait M. Hamon, que je vis
» M. de Saci, je lui demandai s'il y aurait du
» mal à écrire quelque chose sur quelques
» versets des Cantiques; il l'approuva fort,
» mais la difficulté était de commencer, et je
» ne savais comment m'y prendre. Comme j'allai à Paris, un jour que je n'avais fait que
» courir sans prier Dieu et dans une dissipation
» entière, toutes sortes de méchantes pensées
» ayant pris un cours si libre dans mon cœur
» et avec tant d'impétuosité, que c'était comme
» un torrent qui m'entraînait, je m'en retournais à la maison tout hors de moi, lorsque,
» me trouvant proche l'église Saint-Jacques,
» dans le faubourg, j'y entrai n'en pouvant plus.
» Ce m'était un lieu de refuge : elle était fort

---

* Nous nous sommes procuré avec quelque peine cet opuscule de M. Hamon, et nous avons pu reproduire très-exactement les passages.

(*Note de l'Éditeur.*)

» solitaire après-dîné. J'y demeurai long-temps,
» car j'étais tellement perdu et comme enterré
» dans le tombeau que je m'étais creusé moi-
» même, qu'il ne m'était pas possible de me re-
» trouver. Quand je commençai d'ouvrir les
» yeux, la première chose que je vis fut ce ver-
» set du cantique : *sicut turris David collum*
» *tuum, quæ œdificata est cum propugnaculis.* Je
» m'y appliquai fortement, parce que j'étais fort
» las de moi et de mes fantômes. Comme il me
» sembla que cela m'avait édifié, je résolus de
» l'écrire, etc. »

Tout palpitant de ces lectures, j'entrais aussi dans cette église de Saint-Jacques-du-Haut-Pas : c'était celle même où j'avais entendu la messe dès le premier matin et dès le premier dimanche que j'avais passés à Paris. En songeant à ce jour de loin si éclairé, j'étais comme un homme qui remonte sa montagne jusqu'au point d'où il est parti, mais sur un rocher opposé à l'ancien : le torrent ruineux gronde dans l'intervalle. Je m'approchais en cette église vers l'endroit du sanctuaire où est le tombeau de saint Cyran ; M. Hamon n'avait pas manqué de s'y agenouiller avant moi, et je me répétais cette autre parole de lui : « Il n'y a rien qui nous éloigne tant du péril qu'un bon sépulcre. » Et quel était ce péril de M. Hamon au prix du mien ? Quelles étaient ces *méchantes pensées* dont il s'accusait avec tant d'amertume dans ses courses un peu distraites, au prix de l'emportement du moindre de mes assauts ? Et méditant cette parole de lui encore : « Il faut avoir demeuré long-temps dans un désert et en avoir fait un bon usage, afin de pouvoir demeurer ensuite dans les villes comme dans un désert, » je combinais une vie de retraite aux champs, à quelques lieues de Paris, à Chevreuse même, près des ruines labourées du monastère, ne venant de là à la grande ville qu'une fois tous les quinze jours, à pied en été, pour des objets d'étude, pour des livres à prendre aux bibliothèques, pour deux ou trois visites d'amis graves qu'on cultive avec révérence, et m'en retournant toujours avant la nuit. Je retrouvais exactement dans ces projets simples l'impression chastement puérile des temps où je rêvais d'apprendre le grec à Paris, sous un pauvre toit gris et *janséniste,* ainsi que je disais. Il semble qu'à chaque progrès que nous faisons dans le bien, est attaché, comme récompense intérieure, un arrière-souvenir d'enfance qui se réveille en nous et sourit. Notre jeune Ange de sept ans tressaille et nous jette des fleurs. Je sentais aussi en ces momens redoubler mon affection pour ces pierres et ces rues innocentes où l'on a semé tant de pensées, où tant de réflexions lentes se sont accumulées en chemin comme une mousse, comme une végétation invisible, plus douce pourtant et plus touffue à l'œil de l'âme que les gazons.

A défaut d'établissement, l'idée de visiter, au moins en pélerin, Chevreuse, les ruines de Port-Royal, et d'y chercher la trace des hommes révérés, ne pouvait me manquer, à moi qui avais déjà visité Aulnay, s'il vous en souvient, dans une intention semblable. Une ou deux fois donc, les jours de mes courses aux environs, après les rechutes, je me dirigeai vers ce désert, prenant par Sceaux et les collines d'au-delà ; mais mes pieds, n'étant pas dignes, se lassaient bientôt, ou je me perdais dans les bois de Verrières. Un simple caillou jeté à la traverse dérange tant nos plus proches espérances, que je n'exécutai jamais le voyage désiré. Qu'importe, après tout, la réalité matérielle des lieux, dès qu'un impatient désir nous les a construits ? La pensée et l'image vivaient en moi; je n'ouvrais jamais un de ces livres imprimés à Cologne, avec l'abbaye de Port-Royal des Champs gravée au fontispice, sans reconnaître d'abord la cité de mes espérances, sans m'arrêter long-temps à ce clocher de la patrie.

Au nombre des règles particulières que j'avais tirées de M. Hamon, il y en a qui ne me quittèrent plus, et qui s'ajoutèrent en précieux versets à mon viatique habituel. Tandis que j'étais si sensible à l'idée des lieux, je le trouvais qui recommande de ne pas trop s'y attacher, de ne pas se les figurer surtout comme un cadre essentiel à notre bonne vie. Il me rappelait par-là le mot de l'*Imitation* : *Imaginatio locorum et mutatio multos fefellit* ; l'idée qu'on se fait des lieux, et le désir d'en changer, sont un leurre pour beaucoup. Il citait le mot de saint Augustin : *Loca offerunt quod amemus et relinquunt in animâ turbas phantasmatum* ; les lieux qui charment nos sens nous remplissent l'âme de distraction et de rêverie : « Et cela est si vrai, disait-il, qu'il y a plusieurs personnes qui sont obligées de fermer leurs yeux lorsqu'elles prient dans des églises qui sont trop belles.

Quelques-unes de ses maximes, en nos temps

de querelle, me furent d'un conseil fréquent :
« On voit partout tant de semences de division,
qu'il est fort difficile de n'y contribuer en rien
qu'en se mêlant de peu de chose, en parlant
peu et en priant beaucoup dans la retraite de
sa chambre. » Et ailleurs, au sujet des diversions
inévitables et des secousses : « Je vis bien qu'il
fallait m'accoutumer à me faire une chambre
qui pût me suivre partout, et dans laquelle je
pusse me retirer, selon le précepte de l'Évangile, afin de m'y mettre à couvert du mauvais
temps du dehors. »

Moi, qui aimais tant à juger les autres, à séparer les nuances les plus intérieures, et à remonter aux racines des intentions, qui, sans en
avoir l'air, fouillais, comme ces médecins avides, à travers les poitrines, pour saisir les formes
des cœurs et la jonction des vaisseaux cachés,
il y avait bien lieu de m'appliquer cette parole : « Je me trouvai, disait M. Hamon, si pei-
» né et si las de juger, de parler, de m'inquié-
» ter des autres, que je ne pouvais assez prier
» Dieu qu'il me délivrât de ce défaut qui m'em-
» pêchait de me convertir tout de bon. Je réso-
» lus de ne plus juger personne, voyant avec
» douleur que j'avais jugé des gens qui étaient

16.

» meilleurs que moi.... Car, si je méritais qu'on
» me définit, on pourrait me définir un homme
» qui, quand il dit quelque chose de bien, fait
» toujours le contraire de ce qu'il dit. » Ainsi
M. Hamon s'emparait de moi et me pénétrait
par mes secrètes avenues. Je me voyais de plus
avec lui des rapports fortuits, singuliers, comme
quand il s'écrie : « Je n'ai aucun parent ; je
n'avais qu'un oncle, Dieu me l'a ôté. » Ces ressemblances ajoutaient à notre union. Il me préparait, par l'attrait de son commerce, à goûter
de plus forts que lui, et me devenait un acheminement vers l'apôtre universel, saint Paul.
Oh ! qu'ils sont plus chers que tous les autres,
les guides inattendus, obscurs, rencontrés dans
ces voies de traverse par lesquelles les égarés
rejoignent un peu avant le soir l'unique voie
sacrée !

Saint Martin, l'abbé Carron et lui me firent
merveilleusement sentir ce que c'est qu'édifier
sa vie et y porter le don de spiritualité. Ce don
consiste à retrouver Dieu et son intention vivante partout, jusque dans les moindres détails et les plus petits mouvemens, à ne perdre jamais du doigt un certain ressort qui
conduit. Tout prend alors un sens, un enchaî-

nement particulier, une vibration infiniment subtile qui avertit, un commencement de nouvelle lumière. La trame invisible, qui est la base spirituelle de la création et des causes secondes, qui se continue à travers tous les événemens et les fait jouer en elle comme un simple épanouissement de sa surface, ou, si l'on veut, comme des franges pendantes, cette trame profonde devient sensible en plusieurs endroits, et toujours certaine là même où elle se dérobe. Il y a désormais deux lumières; et la terrestre, celle des sages selon les intérêts humains, et des savans dans les sciences secondes, n'est que pareille à une lanterne de nos rues quand les étoiles sont levées, que les vers luisans émaillent la terre, et que la lune du firmament admire en paix celle des flots. Dans cette disposition intérieure de spiritualité, la vigilance est perpétuelle, pas un point ne reste indifférent autour de nous pour le but divin; tout grain de sable reluit. Un pas qu'on fait, une pierre qu'on ôte, le verre qu'on range hors du chemin de peur qu'il ne blesse les enfans et ceux qui vont pieds nus, tout devient significatif et source d'édification, tout est mystère et lu-

mière dans un mélange délicieux. *Que sait-on ?*
— *Dieu le sait*, c'est là, en chaque résultat,
le doute fécond, l'idée rassurante qui survit.
Les explications riantes abondent; tel minime
incident, qu'on n'eût pas auparavant remarqué, ouvre la porte aux conjectures aimables, adorantes, infinies : « Quelquefois, dit
» saint Martin, Dieu prépare secrètement pour
» nous une chose qui nous peut être utile et
» même agréable, et, au moment où elle va
» arriver, il nous en inspire le désir avec l'envie de la lui demander, afin de nous donner
» l'occasion de penser qu'il l'accorde à nos
» prières, et de faire filtrer en nous quelque
» sentiment de sa bonté, de sa complaisance,
» et de son amour pour nous. » — C'est ainsi,
mon ami, que, tandis qu'un diadème exagéré
s'inaugurait après la tempête sous la splendeur des victoires, je suivais ma trace imperceptible à l'écart de la grande influence qui
semblait tout envahir; je subissais d'autres influences plus vraies, bien profondes et directes; l'infiltration en moi des célestes rosées
s'augmentait au travers du soleil de l'Empire.
A mesure que je m'habituais dans cet univers
de l'esprit, j'en appréciais davantage les cer-

cles et l'étendue; je sentais mieux, en présence de mon seul cœur, l'immensité des conquêtes à faire, la difficulté de les maintenir, et, ainsi que l'archevêque de Cambrai disait qu'il était à lui-même tout un grand diocèse, j'étais à moi-même tout une Europe à pacifier et à combattre, en cette année où se préparait Austerlitz. Qui eût pensé toutefois que ces trois hommes de peu de nom, que je vous ai dits, eussent usurpé tant d'empire sur une âme, si ouverte d'ailleurs et si prompte, à une époque où régnait l'Homme mémorable? Et combien d'autres que j'ignore se trouvaient dans des cas plus ou moins pareils au mien, avec leurs inspirations immédiates, singulières, qui ne provenaient en rien de lui! Ne grossissons pas, mon ami, l'action, déjà assez incontestable, de ces colosses de puissance. Les trombes orgueilleuses de l'Océan, si haut qu'elles montent et si loin qu'elles aillent, ne sont jamais qu'une ride de plus à la surface, au prix de l'infinité des courans cachés.

Après quelques mois de cette vie que les mauvais accès n'interrompaient plus qu'à de rares intervalles, j'étais devenu calme et assez heureux. Il y avait même, dans cette uniformité de mes jours, une sorte de douceur si vite acquise, que je me la reprochais comme suspecte. L'idée des êtres blessés, celle de madame de Couaën surtout, s'élevait soudainement alors du sein des heures les plus apaisées et durant mes crépuscules solitaires. Oh! que de larmes nouvelles débordaient! Mon âme, raffermie par l'abstinence, recomposait plus fortement l'idéale passion. Pendant ces sources rouvertes des saignantes tendresses, j'avais ardeur d'une guérison moins vague, d'une pénitence plus expiatoire, d'un bonheur austère dont elle fût mieux informée et qu'elle bénît. Je voulais mettre entre elle et moi quelque chose d'apparent, de compris d'elle seule et de Dieu, d'infranchissable à la fois et d'éternellement communiquant, qui fût une barrière et un canal sacrés. Lorsqu'en ces ondes rapides, je me hâtais au pied des autels, et que, priant pour elle durant les saluts de l'Octave, je songeais qu'en ce même instant sans doute elle priait pour moi, tristes cœurs appliqués ainsi à nous entr'offrir l'un pour l'autre, je comprenais que ce n'était là qu'une aurore qu'il fallait suivre; la pensée des sacremens qui fixent et consomment m'apparaissait aussitôt comme indispensable ; les Ordres mêmes se présentaient, sans m'étonner, au terme magnifique de mon désir. Il me semblait que je ne serais jamais plus expiant, plus contrit et plus acceptable aux pieds de Dieu, que lorsqu'ayant monté, jusqu'à la dernière, toutes les marches de l'autel, et tenant aux mains l'hostie sainte, j'ajouterais un nom permis dans la commémoration des âmes.

Au plus élevé de ces pieux momens, il me survenait quelquefois des troubles d'une autre espèce, comme pour me montrer toute l'inconsistance et la versatilité d'un cœur qui ne pense avoir qu'un seul mal et qui croit ce mal presque guéri. J'appris un jour par une personne que je rencontrai, et à travers certains complimens assez embrouillés dont elle me gratifia, qu'on avait daigné s'occuper de mon absence dans le monde que j'avais quitté, et qu'il s'était fait des doléances extrêmes sur la perte de tant d'agrémens et sur cette infirmité dévote où j'étais tombé, disait-on ; mais la personne qui me parlait n'avait eu garde de croire à un tel motif de retraite, ajoutait-elle d'un air fin, me sachant un jeune homme de trop d'esprit. Il n'y avait rien là-dedans que je n'eusse pu prévoir, et il m'était clair, d'après la brusquerie de mon éclipse, qu'on avait dû en gloser un peu çà et là. Mais ce que j'avais aisément conclu m'étant confirmé d'une façon plus précise par le propos de cette personne, j'en devins troublé, aigri, révolté pour tout un jour. Susceptibilité capricieuse du cœur! On se dit bien avec Fénelon : *Oublions l'oubli des hommes !* — Oui, leur oubli, on le pardonne encore, ou l'envie même; les sages le cherchent, les poètes le chantent. Mais, si amoureux de l'oubli qu'on soit, comme on supporte malaisément un jugement léger du monde, l'écho lointain d'une seule raillerie *!

* Nous retrouvons une pensée très-semblable dans quelques vers inédits d'un de nos contemporains, et il nous a paru possible et convenable de les citer, comme répondant avec harmonie au sentiment du texte :

Un mot qu'on me redit, mot léger, mais perfide,
Te contriste et te blesse, ô mon Ame candide!
Ce mot tombé de loin, tu ne l'attendais pas :
Fuyant, jeune, l'arène et ta part aux ébats,
Soustraite à tous jaloux en ta cellule obscure,
Il te semblait qu'on dût t'y laisser sans injure,

XXII.

J'allais pourtant éprouver bientôt de plus fortes secousses et vibrer à des échos plus re-

Et qu'il convenait mal au parvenu puissant,
Quand on se tait sur lui, d'aller nous rabaissant,
Comme si, dans sa brigue, il lui restait encore
Le loisir d'insulter à l'oubli que j'adore !
Tu te plains donc, mon Ame! —Oui..., mais attends un peu;
Avant de t'émouvoir, avant de prendre feu
Et de troubler ta paix pour un long jour peut-être,
Rentrons en nous, mon Ame, et cherchons à connaître
Si, purs du vice altier qui nous choque d'abord,
Nous n'aurions pas le nôtre, avec nous plus d'accord.
Car ces coureurs qu'un Styx agite sur ses rives,
Au festin du pouvoir ces acharnés convives,
Relevant d'un long jeûne, étonnés, et collant
A leur sueur d'hier un velours insolent....
Leurs excès partent tous d'une fièvre agissante ;
Une plus calme vie aisément s'en exempte ;
Mais les écueils réels de cet autre côté
Sont ceux de la paresse et de la volupté.
Les as-tu fuis, ceux-là? Sonde-toi bien, mon Ame;
Et si, sans chercher loin, tu rapportes le blâme,

tentissans. Car, quoi que je vous aie dit de
mon abstraction d'esprit et de ma faculté d'isolement au sein de ces grandes années, je ne
les traversais pas tout-à-fait impunément. Il se
dressait autour de moi, en certaines saisons
rapides, mille trophées qui m'offusquaient; il

Si, malgré ton timide effort et ma rougeur,
La nef dormit long-temps en un limon rongeur,
Si la brise du soir assoupit trop nos voiles,
Si la nuit bien souvent eut pour nous trop d'étoiles,
Si jusque sous l'Amour, astre aux feux blanchissans,
Des assauts ténébreux enveloppent mes sens,
Ah! plutôt que d'ouvrir libre cours à ta plainte
Et de frémir d'orgueil sous quelqu'injuste atteinte,
O mon Ame! dis-toi les vrais points non touchés;
Redeviens saine et sainte à ces endroits cachés;
Et, quand tu sentiras ta guérison entière,
Alors il sera temps, Ame innocente et fière,
D'opposer ton murmure aux propos du dehors;
Mais à cette heure aussi, riche des seuls trésors,
Maîtresse de ta pleine et douce conscience,
Le facile pardon vaincra l'impatience.
Tu plaindras nos puissans d'être peu généreux;
Leur dédain, en tombant, t'affligera sur eux,
Et si quelque amertume en toi s'élève et crie,
Ce sera pure offrande à ce Dieu que tout prie!

(*Note de l'Éditeur.*)

se formait sous mes yeux des assemblages de rayons invincibles. L'automne de cette année illustre, où j'étais si en train de me détacher du dehors, s'arma bien rudement contre moi, contre mes projets de paix et de silence. La guerre s'était rallumée de nouveau, à l'improviste, entre la France et les puissances coalisées. L'aggression, cette fois, venait de l'étranger encore ; un cri unanime, un cri de demi-dieu insulté, éclata par tout l'empire et perça à l'instant dans la retraite où je combattais mes sourds ennemis, où je suivais mes invisibles anges. Durant les trois mois de cette campagne, je vécus comme dans un nuage électrique, lequel planait sur ma tête et m'enveloppait orageusement, déchargeant aux collines de l'horizon ses coups de tonnerre. J'avais le cœur gonflé en mon sein, comme l'Océan quand la lune d'équinoxe le soulève, et je ne retrouvais plus mon niveau.

Une circonstance particulière aggrava cet effet et compliqua mon émotion d'un intérêt plus personnel encore. Parmi les décrets du Sénat en ces conjonctures, il y en eut un qui appelait sous les armes les conscrits des cinq précédentes années, et bien que je fusse très-certain, en ne me déclarant pas, de n'être point recherché, j'aurais pu à la rigueur être compris dans la première de ces cinq classes. L'idée que je n'échappais qu'en me dérobant me faisait monter le rouge au front, et sollicitant ma piété même à l'appui de mon vœu secret, je me demandais si ce n'était pas un strict devoir d'aller m'offrir.

A peine la campagne entamée et la nouvelle des premiers succès survenant, ce fut pis, et mon trouble s'augmenta dans l'anxiété universelle. Je ne priais plus qu'à de rares intervalles. Un flot extraordinaire de cet âge de jeunesse qui se suffit et subvient à tout, me rejetait machinalement hors de la foi. Je retombai dans le chaos et le conflit purement humain, ne rêvant qu'ivresse et gloire, émulation brûlante, m'agiter avec tous, galoper sous les boulets, et vite mourir. Chaque bruit inaccoutumé, le matin, me semblait le canon des Invalides déjà en fête de quelque nouvelle victoire. Ce n'était plus sous des prétextes de visites amicales ou d'aumône, c'était avec ces murmures belliqueux et dans l'espoir des bulletins, que le démon du milieu du jour me rentraînait aisément par-delà le fleuve. Dernière forme de mon délire ! Matinées d'attente oisive, et aussi de prestige ineffaçable ! on dirait que quelque terne brouillard a passé depuis dans le ciel comme sur les âmes ; il y avait plus de soleil alors qu'aujourd'hui !

Un jour, — Ulm était déjà rendu et l'on venait de présenter en pompe au Sénat une forêt de drapeaux autrichiens, — me promenant près du Luxembourg, je rencontrai un officier de ma connaissance, le capitaine de cavalerie Remi, attaché à l'état-major du maréchal Berthier ; il faisait partie de la députation qui avait apporté ces drapeaux conquis. Blessé assez légèrement au bras dans un des derniers engagemens devant Ulm, on l'avait désigné pour ce voyage d'honneur. Il me parla avec feu de la merveilleuse campagne et de la célérité magique d'un si entier triomphe. Il brûlait de repartir, et devait, dès le surlendemain, se relancer vers Strasbourg, quoique sa blessure se fût fort irritée durant la route ; mais il comptait bien être là-bas à temps, disait-il, pour la future grande bataille que l'arrivée des Russes allait décider. Je le quittai en lui souhaitant chance de héros, et, à peine l'avais-je perdu de vue, que je regrettai

17.

de ne m'être pas ouvert franchement à lui, de ne pas lui avoir dit mes remords d'oisiveté et mes désirs de guerre. « Qui sait si un mot confiant, pensais-je, n'eût pas aplani toutes ces montagnes sous lesquelles je m'ensevelis à plaisir ? si l'aide-de-camp de Berthier n'eût pas pu faire que cette grande bataille prochaine devînt un des chemins naturels de ma vie, ou du moins un immortel tombeau ? » Et cette pensée creusa en moi, selon mon habitude, durant tous les jours suivans : mais je crus le capitaine parti et ne cherchai pas à le retrouver.

Le capitaine Remi était une nature qui m'allait de prime-abord, bien que je n'eusse fait que l'entrevoir de temps en temps. Je l'avais rencontré pour la première fois chez le général Clarke, lorsqu'à mon arrivée à Paris je courais solliciter appui dans l'affaire de M. de Couaën. Il avait depuis quitté ce général et passé sous le maréchal Berthier ; je l'avais revu de loin en loin aux promenades ou dans les bals, et toujours nous causions ensemble avec assez de penchant et d'intérêt. Il était beau, franc, sensé, animé d'un certain goût sérieux d'instruction, et portant dans les diverses matières cet aplomb précoce et simple d'un homme qui a fait des guerres intelligentes. Il n'avait guère que trente ans au plus, étant de la levée militaire de 96. Je lui sentais un fonds d'opinions politiques et patriotiques qui plaisent sous l'habit du soldat; excellent officier et amoureux de son arme, il ne donnait pas trop en aveugle dans l'Empire. Bref, un attrait réciproque nous avait assez liés.

Deux ou trois semaines se passèrent encore, et je n'avais point réussi à me renfoncer bien avant dans les sentiers des pacifiques royaumes. Un matin, étant sorti, pour me distraire, à cheval, par la barrière de Fontainebleau, je croisai à quelques lieues de là, sur la grande route, la première colonne des prisonniers autrichiens qu'on avait ainsi dirigés de la frontière vers l'intérieur. Cet aspect des vaincus me remit à mes blessures et à ma défaite, moi vaincu aussi et à qui l'épée était tombée des mains sans que j'eusse pu combattre. On commençait à être dans l'attente expresse de quelque grand événement, car l'armée russe avait dû se joindre aux débris de l'armée autrichienne. Je retournai inquiet à la ville, et me rendis bientôt à pied dans le quartier des Palais. Mais, au sortir de la terrasse des Feuillans, vers la place Vendôme, je rencontrai pâle, défait, et comme relevant de maladie, le capitaine Remi lui-même, et, l'abordant avec surprise : « Quoi! ici encore ? m'écriai-je. » — Et il me raconta comment, le lendemain de notre précédente rencontre, l'hémorrhagie et la fièvre l'avaient pris, et que cette fièvre opiniâtre ne l'avait quitté qu'en l'épuisant ; mais enfin il n'avait plus qu'un peu de forces à recouvrer. « Je pars demain, cette nuit, ajouta-t-il avec un regard brillant, je pars, et peut-être j'arriverai à temps encore. » Nous étions devant sa porte, il m'invita à monter. Une fois installé dans son petit entresol, je n'hésitai plus, en voyant de près cette noble douleur, à lui découvrir la mienne. « S'il est temps pour vous, il l'est donc aussi pour moi, fis-je en éclatant ; votre espoir me rend la vie. Dites, puis-je arriver, assister avec vous à cette bataille d'Empepereurs où vous allez courir ? » Et je lui expliquai mes desseins si souvent enfouis et m'étouffant. Dans l'espérance vacillante qu'il se voulait ménager à lui-même, il fut indulgent à mon idée, et prétendit que rien n'était plus exécutable : « Je reçois votre engagement, me

» dit-il ; vous savez manier un cheval, je vous
» tiendrai d'abord avec moi. Vous entrerez
» après, si cela vous sourit, dans le corps de
» Vélites qu'on vient de former. — Oui, cette
» nuit même, nous partons, nous allons en
» poste jusqu'à Strasbourg, et de là à franc
» étrier jusqu'à l'armée : six jours en tout fe-
» ront l'affaire. « — Il cherchait un appui contre
sa propre hésitation en me rassurant. De telles
paroles m'enlevèrent. Je rentrai chez moi, j'y
pris des armes et l'épée même qu'avait touchée
Georges. Je passai chez madame de Cursy, la
prévenant qu'elle n'eût pas à s'inquiéter de
mon absence, et que je serais toute cette dernière quinzaine d'avant l'hiver à la campagne :
elle ne me questionnait jamais. — Dès le matin,
nous roulions, mon nouveau compagnon et
moi, vers Strasbourg.

Il était, je vous l'ai dit, homme de droit
sens, de coup-d'œil ferme et militaire, mais
avec des idées plus libres et un horizon plus
ouvert que la plupart. A propos de cette éternelle grande bataille que nous poursuivions,
que nous nommions presque d'avance, que
nous ralentissions, que nous agitions en mille
manières : « Il faut bien que j'en sois, me di-

» sait-il ; d'abord ce sera une illustre et belle ba-
» taille, et il y va pour moi de l'honneur. Nous en
» aurons bien assez d'autres avant peu d'années,
» je le sais, mais celle-ci est de justice encore,
» de nécessité et de défense ; plus tard , je le
» crains, ce sera plutôt l'ambition d'un homme.
» Je veux donc en être, surtout de celle-ci. »
— Il ajouta sourdement ; « *et y rester !* » J'entrevis en lui alors une douleur de cœur, quelque chose comme une perte ancienne; il s'accusait, à ce que je crus comprendre , de n'a-
voir pas été assez fidèle à un souvenir qui aurait dû demeurer unique dans sa vie. Il ne
m'en parla, au reste, qu'obscurément et en me
serrant la main. L'image de madame de Couaën,
si languissante elle-même, et de cette perte
menaçante me passa devant les yeux : « Et moi
» aussi je veux y rester, » lui dis-je ; et un grand
silence s'ensuivit. Le jour baissait ; mon compagnon finit par s'assoupir légèrement, car il
était bien faible encore. Et moi, regardant fuir
les arbres de plus en plus funèbres, et se lever
au ciel avec les premières étoiles l'heure des
regrets infinis, je murmurais ce vœu sous mes
larmes : « Oh! oui, mourons avant ce que nous
» aimons, de peur, en survivant, d'y être in-

» fidèles, et de souiller par des distractions
» vulgaires, et qu'on se reproche tout en y cé-
» dant, le deuil qu'il fallait garder inviolable.»

Le sommeil me prenait à mon tour, et, quand je me réveillais ensuite par degrés, il me semblait, en me retrouvant en cette place et dans ce voyage, que je continuais un songe absurde, le cauchemar d'un malade. Mais la vitesse des chevaux ou l'air du matin m'arrivant par une glace ouverte, redécidaient le train de mes pensées, et, tout en m'avouant la plus volage des âmes, je me remettais assez vivement à la situation.

Nous tremblions, en avançant, d'apprendre quelque grande nouvelle de victoire. Déjà un bruit confus, un de ces *on dit* précurseurs, qui semblent accourus en une nuit sur l'aile des vents ou sur le cheval des morts, commençait à frémir, à se grossir autour de nous à chaque poste où nous passions. Le capitaine là-dessus refaisait pour la vingtième fois ses calculs stratégiques ; il déployait sa carte de poche, et, partant des derniers bulletins, il m'expliquait les positions des divers corps, la jonction à peine effectuée, selon lui, et à coup sûr incomplète, des Autrichiens et des Russes, les causes probables de temporisation dues aux fatigues de tant de marches précédentes. Nos deux têtes, penchées à la fois sur cette carte, s'entrechoquaient à chaque brusque cahotement. A notre entrée dans Strasbourg, tout bruissait d'une grande espérance; mais rien de certain, rien d'officiel encore. Nous nous donnâmes à peine le temps d'y poser et ne fîmes presque que nous élancer de la voiture sur la selle des chevaux; c'était de cette manière que nous devions poursuivre la route. Nous touchions à Kehl; l'Allemagne et les saules de sa rive basse étaient devant nous, quand, à la tête du pont, au moment de passer, un courrier, que le capitaine reconnut à l'instant pour être à l'Empereur, déboucha au galop. Le capitaine le cria par son nom et se porta vers lui. Trois mots : *grande victoire, armistice, paix avant huit jours,* volèrent dans un éclair. Le capitaine devint pâle comme un mort, son œil était fixe, il se tut, et son cheval continua de le mener. Mais au milieu du pont, à l'ancienne limite, je m'arrêtai le premier et lui dis : « A moi qui n'ai vu de ma vie un combat, et qui suis destiné à n'en point voir, il ne m'appartient pas de traverser le Rhin, le fleuve guerrier. Vous, cher capitaine, votre revanche est assurée, elle sera glorieuse ; consolez-vous ; adieu ! » Et sans plus de paroles, sans descendre, nous nous embrassâmes. Il partit en Allemagne à toute bride comme un désespéré. Il fut tué trois ans plus tard à Wagram. Je rentrai morne à Strasbourg, et m'en revins de là droit à Paris. Après cette figure pâle du capitaine entendant les trois mots du courrier, ma seconde pensée fut toute pour M. de Couaën, et je lui vis à cette dure nouvelle une sueur froide aussi, découlant de son front veiné, et ce tremblement particulier d'une lèvre mince. Quant à moi, j'étais peu surpris ; je reconnaissais là ce que j'appelais mon destin, ce qu'au sortir d'un tel vertige je n'osais plus appeler l'intention de Dieu. L'humiliation me noyait et couvrait ma tête d'un lac de cent coudées. Était-ce d'avoir manqué Austerlitz, était-ce d'avoir rompu mes bons liens, que venait la confusion? Ce qui est certain, je ne me serais pas trouvé digne alors d'aider en silence au dernier des frères lais dans l'arrière-cour d'un couvent.

Vos voies pourtant me dirigeaient, ô mon Dieu ! J'avais honte de moi, mais Vous, vous aviez moins de honte. Je méprisais en moi le fugitif impuissant à ravir le monde, l'être rebuté des événemens et des choses, et vous étiez plus prêt que jamais à m'accueillir. Après tant d'erreurs et d'inconstances, je n'avais à vous offrir que des restes abjects de moi-même ; mais vous ne dédaignez pas les restes pourvu qu'il y couve une étincelle. Vous faites comme Lazare, ô mon Dieu, et vous recevez presque avec reconnaissance les miettes de la table du prodigue, les haillons du corps et de l'âme du pécheur !

Je retombai un soir dans ce Paris retentissant et encore illuminé. Mes amis, c'est-à-dire madame de Cursy et l'ecclésiastique, ne s'étaient pas étonnés de ma courte absence. Je repris ma vie d'auparavant, mais sans la sécurité et sans le bonheur du premier charme. Je voyais bien que ce dernier assaut avait été un déguisement de mon penchant secret qui, pour me rengager en plein monde, s'était offert à l'improviste par l'aspect glorieux, sous la forme et sous l'armure du guerrier; que ç'avait été toujours le fantôme des sens, de l'ivresse et du plaisir, mais cette fois m'apparaissant dans les camps comme Armide, et sous un casque à aigle d'argent. — Napoléon venait de rentrer dans sa capitale ; l'armée entière allait l'y suivre, et le rendez-vous général était donné pour les premiers jours de mai. La garde au complet arrivait déjà, et les caresses aux bras nus, les orgies permises d'une paix triomphante animaient la ville et perdaient les regards. Il devenait temps pour moi de prendre un parti. Il y a un moment dans la conversion où c'est une nécessité, pour guérir, de mettre entre soi et les rechutes l'obstacle souverain des sacremens. Il ne faudrait pas les aborder trop tôt et à la légère, avant qu'ils nous fussent réellement sacrés, de peur d'empirer la situation en les violant; mais l'heure vient où eux seuls peuvent poser le sceau, ratifier le pacte qu'un cœur prudent conclut avec les yeux (*pepigi fœdus cum oculis meis*, dit Job), et faire qu'il n'en soit pas du voluptueux selon la sentence du Sage dans l'ancienne loi : « Tout pain lui est bon ; il ne se lassera point d'y retourner et d'y mordre jusqu'à la fin. » Ce n'est pas trop, vers cette fin, qu'un Dieu tout entier, Dieu corps et sang, se mette entre l'idole ancienne et nous. J'étais de ceux, en particulier, je vous l'ai dit, chez qui la religion dépend moins de la conviction d'intelligence que de

la conduite pratique ; je ne trouvais rien à opposer comme raisonneur, mais je n'agissais pas, ou j'agissais mal, et c'était pire ; et si je n'y prenais garde, j'allais m'amollir en présence d'une verité que je reconnaissais et que chaque jour je serais devenu plus incapable d'étreindre. J'écrivais à mon aimable ami de Normandie ces propres mots, que je retrouve sur mon livre de pensées d'alors : « Mon intel-
» ligence est convaincue, ou du moins elle n'é-
» lève pas d'objections ; mais, lui disais-je,
» ce sont mes mœurs et ma pratique qui m'é-
» cartent et me rejettent, malgré les par-
» tiels efforts que je tente. Et l'âge vient,
» et la jeunesse me quitte tous les jours ;
» les années plus sévères s'alongent devant
» moi. Je voudrais concilier mon idéal amour
» avec la religion, de manière à les affermir l'un
» par l'autre ; mais les sens inférieurs déjouent
» cette belle alliance, et je retombe *passim,* à la
» fois mécontent comme amant, et démoralisé
» comme croyant. Voilà ma plaie,... cette plaie
» des sens qui se rouvre toujours au moment où
» on la croit guérie. » J'avais noté pour moi ces mots avant de les envoyer ; ils étaient le résumé sans feinte de ma situation extrême,

à cette limite que je désespérais de franchir. Oh ! c'est une mauvaise situation, mon ami, quand les mœurs restent les mêmes, l'esprit étant autrement convaincu. On continue de mal vivre, et l'on est persuadé qu'on vit mal. Rien n'affaiblit et ne détrempe l'esprit, ne lui ôte la faculté de vraie foi, et ne le dispose à un scepticisme universel, comme d'être ainsi témoin, dans sa conviction, d'actes contraires, plus ou moins multipliés. L'intelligence s'énerve à contempler les défaites de la volonté, comme un homme à une fenêtre qui aurait la lâcheté de contempler quelque assassinat dans la rue, sans accourir à la défense de l'égorgé qui est son frère. — Une lettre de M. de Couaën qui m'invitait à passer quelques semaines à Blois, et d'un ton de douceur et d'amitié que je n'avais pas éprouvé de lui depuis long-temps, aida à ma détermination : je n'osais ni refuser ni aller. J'avais hâte de mettre l'idée de madame de Couaën en toute sûreté et pureté sur l'autel, derrière les balustres de cèdre, et de l'inscrire invisible sur les lames d'or. Enfin que vous dirai-je, mon ami ? après cette dernière épreuve, et quand je me sentais si bas, tout là-haut était mûr et

18.

préparé ; je me croyais dans l'abandon, et tout me soulevait insensiblement. Un jour le bon ecclésiastique le premier, inclinant ma pensée, me parla du séminaire de...., dont le supérieur était son grand ami, et de la vie appliquée et simple qu'on y menait. Chaque souffle de printemps, cette année-là, et dans ces momens tant redoutés, m'arrivait propice. Les premières rosées que buvait la terre, tout à l'heure sanglante, me régénérèrent l'âme. Cette âme, jusque-là mal détachée, tomba sans bruit et d'elle-même, comme une olive mûre, dans la corbeille du Maître. Je résolus de me confesser, et quand je l'eus fait, au bout de quinze jours, quittant Paris, j'entrai par faveur, et quoique l'année d'études fût à demi entamée, au renaissant séminaire de..., dont le supérieur était cet ami intime du bon ecclésiastique.

XXIII.

En entrant au séminaire, surtout à la campagne, on éprouve une grande paix. Il semble que le monde est détruit, que c'en est fait depuis long-temps des guerres et des victoires, et que les cieux, à peine voilés, sans canicule et sans tonnerre, enserrent une terre nouvelle. Le silence règne dans les cours, dans les jardins, dans les corridors peuplés de cellules; et au son de la cloche, on voit sortir les habitans en foule, comme d'une ruche mystérieuse. La sérénité des visages égale la blancheur et la netteté de la maison. Ce qu'éprouve l'âme est une sorte d'aimable enivrement de frugalité et d'innocence. J'aurais peu à vous apprendre de mes sentimens particuliers durant ce séjour, que vous ne deviniez aisément, mon ami, après tout ce qui précède. J'aime mieux vous retracer quelque chose de la disposition du temps, de l'ordre et de l'emploi des heures. Ces exercices variés et réguliers avaient d'ailleurs pour effet de rompre toute violence des pensées et d'égaliser nos âmes. Les fleuves détournés avec art, entrecoupés à propos, deviennent presque un canal paisible.

Nous nous levions à cinq heures du matin, l'été et l'hiver. Outre la cloche qui nous éveillait, un séminariste de semaine entrait dans chaque cellule, en disant : *Benedicamus Domino,* et nous répondions de notre lit : *Deo gratias.*

C'était notre premier mot, notre premier bégaiement à la lumière. A certains grands jours, comme Noël, et Pâques, on se servait d'une autre formule, que je ne me rappelle pas, mais qui avait ce sens : *Christus natus est, Christus surrexit;* peut-être même étaient-ce là les paroles.

A cinq heures et demie, on descendait dans une salle commune où l'on faisait à genoux la prière, et ensuite on restait en méditation, soit debout, soit à genoux, soit même assis, si l'on se sentait faible. La règle générale était d'être alternativement un quart d'heure à genoux et un quart d'heure debout, et l'horloge placée au milieu de la maison frappait fidèlement les quarts pendant le jour et la nuit. Cet exercice durait une heure dans sa totalité. A six heures et demie, on allait entendre la messe à la chapelle, qui se trouvait au milieu du jardin, de sorte qu'en été on traversait à la file et silencieusement les parterres et les allées couvertes, qu'embaumait l'air du matin, tous vêtus de surplis blancs.

On rentrait dans sa cellule à sept heures. Là, seul avec ses livres, sa table étroite, sa chaise, son lit modeste, on mettait de l'ordre dans ce petit domaine pour le reste du jour, car la plupart des séminaristes faisaient eux-mêmes leur chambre. Je la faisais moi-même, mon ami; j'y gagnais de concevoir mieux la vie du pauvre, et reporté en idée à tant de chétives existences, à tant de mains laborieuses s'agitant en ce moment, comme les miennes, dans les galetas misérables des cités, je me prenais de pitié pour la grande famille des hommes, et je pleurais. Ces soins de ménage étaient courts; on étudiait ensuite à son gré. Une fois dans sa cellule, chacun était maître et ne relevait plus que de sa conscience. Je retrouvais là, devant mon crucifix, toutes mes pauvres chambres d'autrefois, redevenues éclaircies et pures, tous mes vœux de chartreuse exaucés. Ce passage perpétuel de la vie de communauté à la vie solitaire, de la règle absolue à la liberté, avait beaucoup de charme: le double instinct de l'âme, qui la porte, tantôt à fuir, tantôt à rechercher le voisinage des âmes, était satisfait.

Le déjeûner avait lieu au réfectoire, à huit heures. Du pain selon ce qu'on en voulait, un peu de vin, voilà en quoi il consistait, sauf les deux jours de la Fête-Dieu, où chacun avait un gâteau, et ces jours-là à cause de la joie, le vin était blanc. — Après le déjeûner, qui durait un petit quart d'heure, retour à la cellule. — A neuf heures, classe de théologie dogmatique. Les élèves, rangés sur les bancs tout autour de la salle, écoutaient le professeur, placé sur une petite estrade. Le professeur, par des questions qu'il adressait, complétait la leçon précédente ; il expliquait celle du lendemain et répondait aux objections plus ou moins vives. Le cours dogmatique était partagé en divers traités distincts, qui comprenaient dans leur ensemble toutes les vérités catholiques : *de la Vraie Religion, de l'Église, de Dieu, de la Création, de l'Incarnation, des Sacremens*, etc., etc. Je me montrais soumis, attentif, et quoique habitué aux fantaisies des lectures, j'assujettissais mon intelligence dans le sillon de ce solide enseignement.

La classe dogmatique durait une heure. A dix heures, on faisait une visite à la chapelle, qui durait un simple quart d'heure en comprenant le temps d'y aller. Ce petit exercice était à moitié libre. Les uns remontaient dans leur cellule avant de s'y rendre ; les autres s'y rendaient sur-le champ ; quelquefois on y manquait. Mais n'admirez-vous pas ce prix du temps, et par combien de minces tuyaux, de rigoles adroitement ménagées, la source descendue de la colline passait, en un seul matin, pour fertiliser le jardin d'une âme?

Après être resté en chambre jusqu'à midi moins un quart, la cloche appelait à *l'examen particulier*. On y lisait à genoux, chacun dans son évangile et tout bas, un chapitre; puis, au bout de quelques minutes, le supérieur lisait un examen, par forme d'interrogation, et avec des pauses, sur une vertu; par exemple: *Qu'est-ce que la charité ?... Avons-nous été charitables ?..* Cet exercice et tous les autres, excepté le matin à la méditation et à la messe, avaient lieu en simple soutane, sans surplis.

A midi, on entrait au réfectoire pour le dîner, qui était bien frugal, hors dans les grandes fêtes ecclésiastiques, où il offrait un air plus animé et plus abondant. On y faisait une lecture; les deux autres repas du matin et du soir se prenaient en silence. Le lecteur lisait d'abord dans le martyrologe les saints martyrs du jour, et il y avait quelquefois des passages naturellement sublimes, par exemple à la date de Noël, où le jour est désigné sous toutes les ères : l'an de Rome, telle olympiade, etc.; et après cette magnifique chronologie qui tenait en suspens : *Christus natus est in civitate Bethleem*. Quittant le martyrologe, le lecteur lisait un passage de l'Ecriture-Sainte, et enfin la suite de l'histoire de l'Église de France. Le dîner durait une petite demi-heure. Du réfectoire, nous allions à la chapelle dire l'*angelus*, et, au sortir de la chapelle, le silence était rompu pour la première fois de la journée. Ce moment avait un élan vif et plaisait toujours. On se répandait dans les allées du jardin, mais non pas dans toutes; une partie était réservée pour les étrangers, et nous n'en avions la jouissance qu'une fois la semaine, et pendant le temps des vacances. La plupart de nos allées étaient droites, et elles avaient chacune un banc aux extrémités avec une statue, en bois peint, de la Vierge, du Christ ou d'un Apôtre; chastes statues qui corrigeaient à temps la rêverie et sanctifiaient par leur présence l'excès du feuillage. Dans la partie réservée, il se trouvait une allée plus sombre, humide même, et où les étrangers pénétraient peu. Je l'avais dédiée tout bas à une pensée. Je n'y allais qu'une fois la semaine, le mercredi, et je portais d'ordinaire à la statue de la Vierge du fond un bouquet cueilli fraîchement. Il y avait deux autres allées attenantes, le long desquelles, ce jour-là, je disais aussi une prière; mais je revenais à plusieurs reprises et je méditais long-temps dans la plus grande des trois allées.

L'heure de la récréation était celle des visites que faisaient les personnes du dehors. Je n'avais pas à en recevoir, hors deux ou trois fois que mon aimable ami de Normandie me vint exprès embrasser. Je lui montrais, je lui expliquais tout; il s'enchantait de ce calme à chaque pas et de cette économie des lieux et des heures. Je lui racontais, chemin faisant, mes histoires favorites de M. Hamon, de Limoëlan, de Saint Martin et de l'abbé Carron; son don de spiritualité s'avivait en m'écoutant, et il me répondait par d'autres traits non moins merveilleux, qu'il avait lus ou qui s'étaient opérés sur lui-même et autour de lui, par des histoires de pauvres, pareilles à celles de Jean l'aumônier, par des récits de *visites de Jésus-Christ,* comme il les appelait, et qui étaient d'hier et qui semblaient du temps du bon patriarche d'Alexandrie : « Tout cela s'étend, se tient, se correspond, disait-il, et l'on ap-

» prend des choses à vous faire vendre vos
» meubles et à ne plus avoir qu'un plat à sa
» table. » Et puis c'étaient, à travers nos jardins pieux, des exclamations qui lui échappaient, d'une peinture heureuse et d'une beauté naturellement trouvée. Lui qui m'avait écrit tant de fois sur l'amertume des printemps, il m'entretenait alors de leur douceur : « Les
» hivers me deviennent durs maintenant, di-
» sait-il un jour qu'il m'avait visité vers une
» fin d'automne. Oh! encore un printemps,
» encore un printemps! Quand on a gardé
» seulement un grain de l'Évangile, les prin-
» temps avec Dieu surpassent ceux de l'amour.»
Je lui faisais admirer nos promenoirs, nos treilles protégées, les rideaux impénétrables de nos allées, en lui taisant pourtant celle que se réservait mon cœur: et il me parlait de sa maison à lui, que je n'avais jamais visitée, maison silencieuse aussi, disait-il, claire, grande, aérée, — sur la colline, — une herbe verte, des marguerites splendides. — Et il m'en dépeignait les printemps, qui tantôt survenaient brusques, rapides, par bouffées et comme par assauts dans une tempête, et tantôt, plus souvent, s'apprêtaient peu à peu,

— « avec ordre, sans accès, sans crises, tandis
» que les fleurs des coudriers sont déjà comme
» des franges par toute la forêt, et que les mil-
» liers de houx brillent et étincellent au soleil
» sous les grands arbres encore secs. » Et il
ajoutait incontinent : « Oh! qu'il y a de cho-
» ses saintes dans la vie, mon ami, et de quels
» trésors nos passions nous éloignaient! » Il
était tenté par momens de demeurer avec
moi, et me le disait. Mais je lui rappelais sa
voie toute tracée ailleurs, et nous nous séparions avec tendresse. Ainsi cette vie aimable
s'affermissait de plus en plus, et il redescen-
dait sa fin de jeunesse par de belles pentes.

C'était aussi dans l'heure de récréation que
se lisaient les lettres qu'on avait reçues à table, où elles étaient distribuées par un séminariste chargé de ce soin. Mon ami dont je
viens de parler, madame de Cursy et le bon
ecclésiastique formaient tout le cercle de ma
correspondance. J'écrivais une fois chaque
semaine à madame de Cursy, une ou deux fois
l'année seulement à M. de Couaën. A cette même
heure de récréation, on jouait à la balle; c'é-
tait le seul jeu habituel. Une fois la semaine,
le mercredi, jour de congé, on avait la

jouissance d'un billard, de jeux d'échecs, de dames, de trictrac, de volans et de boules. Je ne jouais jamais.

La récréation finissait à une heure et demie, et dans la récitation en commun du chapelet, petit exercice d'un quart d'heure. La seconde moitié du jour se passait comme la première en pauses et reprises sobrement distribuées : une heure et un quart de cellule; une heure de classe de morale, par un professeur autre que celui du matin ; une nouvelle visite à la chapelle à quatre heures; puis la cellule encore ; une lecture spirituelle en commun avant le souper ; après le souper, la récréation du soir, et ensuite la prière avec une lecture du sujet de méditation pour le lendemain matin. On se couchait à neuf heures. Ainsi nos jours se suivaient et se ressemblaient, mon ami, comme les grains du chapelet que nous disions, — excepté pourtant deux jours de la semaine, le dimanche et le mercredi. Le dimanche, il n'y avait pas de classe. Nous allions à l'église paroissiale du village entendre la grand'messe et les vêpres. Nous avions plus de temps à passer dans nos cellules et quelques momens de récréation après vêpres. J'ai dit qu'il n'y avait pas de classe dogmatique et morale le dimanche, mais on nous en faisait une le matin sur l'Écriture-Sainte.

Le mercredi était le grand jour. Pendant tout l'hiver, le congé ne commençait qu'à midi, et n'avait rien de bien gai. Nous faisions une grande promenade après le dîner dans les environs, et le pensionnat de la ville, lié à la même direction que le séminaire, venait souvent prendre notre place dans nos jardins et user de nos jeux durant notre absence. Mais, à partir du premier mercredi après Pâques, le congé commençait à sept heures du matin et durait jusqu'à huit heures et demie du soir. Dès les sept heures, nous étions donc maîtres de tout le jardin sans exception; la salle des jeux était ouverte; le silence ne s'observait plus, même au réfectoire. C'était par cette renaissance du printemps une fête délicieuse : mais combien d'arrière-pensées subsistantes, inévitables, hélas! pour mon cœur! A huit heures environ, le pensionnat de la ville, les plus grands du moins, arrivaient. Ils entendaient la messe à notre chapelle; après quoi, les deux maisons n'en faisaient plus qu'une; ceux qui s'étaient connus se réunissaient et causaient. L'inégalité aimable des âges, lesquels n'étaient pas trop disproportionnés pourtant, ajoutait de l'intérêt aux entretiens ; c'étaient des frères déjà hommes, et d'autres frères adolescens. Il n'y avait plus de rang au réfectoire : chacun se plaçait à sa guise, et, dans cette confusion universelle, la cellule était la seule chose qui restât inviolable; on ne pouvait y introduire personne sans une permission expresse. Avant le diner, l'examen particulier avait lieu comme de coutume, et dans l'après-dînée une lecture spirituelle. Le soir, lorsque le pensionnat de la ville avait quitté la maison, nous nous mettions à la file les uns des autres, sans ordre, et nous disions le chapelet tout haut, en tournant dans les allées de tilleuls déjà sombres. Ceux qui arrivaient les derniers étaient guidés, pour rejoindre l'endroit de la marche, par cette rumeur au loin harmonieuse : tel le bourdonnement des hannetons sans nombre dans un champ de lin, ou le murmure d'abeilles tardives, derrière le feuillage. — Une fois, la procession qui s'était dirigée au hasard vers un côté inaccoutumé, parvint jusqu'à mon allée secrète. Que d'émotions m'assaillirent en approchant ! les ténèbres redoublées voilèrent mes larmes ; le bruit de tous étouffa mes sanglots !

Le régime du mercredi était celui des vacances, qui duraient la plus grande partie du mois d'août et tout le mois de septembre. On faisait chaque jour une longue promenade. Le soir, il était permis de chanter des chansons ayant trait aux petits événemens de la journée, aux incidens remarquables de la semaine. Celui que l'on voulait chansonner montait sur un banc, et le chanteur-improvisateur à côté de lui. La foule applaudissait, et ces scènes toujours innocentes, qui semblaient un ressouvenir du midi, un vestige facétieux du moyen âge, ne manquaient pas d'un entrain de gaîté populaire et rustique.

Nous subissions des examens généraux sur la théologie avant Pâques et à la fin de l'année. Ceux qui devaient recevoir une ordination subissaient un autre examen à l'évêché, ou ailleurs devant l'évêque. Les ordinations étaient précédées d'une retraite de huit jours, pendant lesquels tous les exercices d'étude demeuraient suspendus. On remplissait le temps par d'édifiantes lectures, et il y avait sermon matin et soir. Chaque séminariste devait passer par cinq ordinations : la *tonsure,* les *ordres moindres,* le *sous-diaconat,* le *diaconat* et le *sacerdoce.* La tonsure était le plus simple degré, un pur signe, et n'enchaînait à rien ; elle ne s'adressait qu'à une mèche de cheveux coupés, à la portion la plus flottante et la plus légère de nous-même. Les petits ordres, au nombre de quatre, et qui se conféraient tous à la fois, avaient leur vrai sens dans la primitive Église ; là, en effet, on devenait successivement : 1° *portier,* celui qui tient les clés et sonne la cloche ; 2° *lecteur,* celui qui tient et lit le livre sacré ; 3° *exorciste,* celui qui a déjà le pouvoir de chasser les démons ; car en ces temps-là les possédés, en qui se réfugiaient les dieux et oracles vaincus, abondaient encore ; 4° *acolyte,* celui qui sert et accompagne l'évêque, et qui porte ses lettres. Le sous-diacre est admis à toucher le calice, le diacre avait droit d'en distribuer au peuple la liqueur sanglante, dans les temps où l'on communiait sous les deux espèces ; mais le prêtre seul consacre les espèces et y fait descendre Dieu ; seul il dispense les sacremens, sauf la confirmation et les ordres, réservés à l'évêque, et encore celui-ci peut-il déléguer au prêtre autorité à cet effet. La plus grave pourtant, la plus solennelle de nos ordinations était celle du *sous-diaconat*, parce qu'elle oblige au vœu de chasteté perpétuelle; c'était le moment où notre vie se liait indissolublement aux devoirs de la hiérarchie catholique. Le consentement du sous-diacre futur ne résultait pas de sa simple présentation à l'église sous les yeux de l'évêque. Tous, rangés sur deux lignes, attendaient que l'évêque, après les avoir avertis de la charge à laquelle ils voulaient se dévouer, leur eût dit : *Que ceux qui consentent à recevoir ce fardeau s'approchent!* Un pas fait en avant était le signe irrévocable de la volonté et le lien perpétuel. Quelques-uns reculaient et s'en retournaient tristes. Oh! comme je sentais bien, mon ami, tout le sens de cette parole! comme je pesais, en avançant le pied, tout l'énorme poids de ce fardeau! La cérémonie ne se terminait guère qu'à deux heures de l'après-midi, après avoir commencé à sept heures du matin. Dans l'intervalle qui s'écoulait entre la communion générale et la fin de la messe, on présentait un peu de vin dans un calice d'or aux ordinans, pour les soutenir. Au retour, il y avait une grande effusion de joie, des embrassemens pleins de cordialité, un mouvement général et qui ne ressemblait à rien parce qu'il était à la fois tranquille et vif, une allée et venue en mille sens par les cours et les gazons à la rencontre les uns des autres, une pénétration réciproque d'intelligences épurées et un peu au-dessus de la terre. — L'ordination pour la prêtrise se faisait à deux époques principales d'été et d'hiver, la veille de Noël ou le samedi veille de la Trinité.

La fête du séminaire était la présentation de la sainte Vierge au temple, le 21 novembre. L'évêque venait dire la messe, et ensuite, assis au pied de l'autel, il recevait chaque séminariste, qui, s'approchant et se mettant à genoux, disait : « *Dominus pars hœreditatis meæ* » *et calicis mei; tu es qui restitues hœredita-* » *tem meam mihi*. Seigneur, vous êtes la part » de mon héritage et de mon breuvage ; c'est » vous, Seigneur, qui me rendrez le lot qui » m'était destiné. » Ces paroles se lisent au psaume quinzième.

En tout, la vie de l'esprit était bien moins soignée que la vie de l'âme; on jouissait peu par la première, souvent et beaucoup par la seconde.

Je vous ai tracé l'aspect général et heureux, mon ami, l'ordonnance et la régularité. Au fond l'on aurait trouvé peut-être moins de bonheur qu'il ne semblait ; on aurait découvert des âmes tristes, saignantes ou troublées, luttant contre elles-mêmes, contre des penchans ou des malheurs, des âmes tachées aussi, — assez peu, pourtant, je le crois. J'étais une des plus mûres et des plus atteintes, le plus brisé sans doute ; je me le disais avec une sorte de satisfaction non pas d'orgueil, mais de charité, en voyant toutes ces jeunes piétés épanouies. Mais qui sait si tel autre n'était pas aussi avancé que moi dans la connaissance fatale, et s'il ne se taisait pas comme moi ?

J'en pus discerner au moins un entre tous qui souffrait profondément et qui, un jour de promenade, laissa échapper en mon sein son secret. C'était un jeune homme qu'avait élevé avec amour et *gâté*, comme on dit, une mère bonne, mais inégale d'humeur et violente. Ces violences de la mère avaient développé dans cette jeune nature des colères plus sérieuses qu'il n'arrive d'ordinaire chez les enfans, et de fréquens désirs de mort. Entre ces deux êtres si attachés d'entrailles l'un à l'autre, il s'était passé de bonne heure d'affreuses scènes. L'enfant grandissant, ces scènes, plus rares, il est vrai, avaient pris aussi un caractère plus coupable de colère, et, par momens, impie. Les belles années et l'adolescence de cette jeune âme en avaient été flétries comme d'une ombre envenimée. Il s'était réfugié dans la résolution de ne se marier jamais, de peur d'engendrer des fils qu'il trouvât violens envers lui comme il se reprochait de l'avoir été lui-même contre sa mère. Cette mère avait gémi beaucoup, sans trop oser s'en plaindre, de la résolution de son fils. En mourant peu après, elle lui avait tout pardonné. Mais, lui, ne s'était point pardonné également, et, entré dans ce séminaire, il s'efforçait de consacrer son célibat à Celui seul qui n'engendre ni colère ni ingratitude. J'avais contracté une liaison, sinon intime, du moins assez familière, avec ce jeune homme mélancolique. Je fréquentais aussi deux ou trois Irlandais, par un sentiment d'attrait vers leur nation plus encore que par goût de leur personne. Je parlais anglais avec eux, comme j'en avais obtenu la permission, et j'ai dû à leur compagnie d'alors l'entretien continué d'une langue qui m'est devenue si nécessaire.

Quant aux doutes, aux luttes d'intelligence en présence de vérités enseignées, j'en eus peu à soutenir, mon ami. Ce que j'avais à combattre plutôt et à réprimer, c'était une sorte de rêverie agréable, un abandon trop complaisant, un esprit de semi-martinisme trop amoureux des routes non tracées; j'en triomphais de mon mieux pour m'enfermer dans la lettre transmise et pour suivre pas à pas la procession du fidèle.

Mais je ne vous parlerai pas davantage de ces trois années, mon ami. Ce que je voulais surtout vous dire des amollissantes passions et de l'amour des plaisirs est épuisé. Franchissant donc cet intervalle d'une monotonie heureuse, je vous transporterai à ce qui achève de clore ici-bas les événemens douloureux sur lesquels vous restez suspendu. Aussi bien, le terme du voyage approche. Tandis que je sondais avec vous mes anciennes profondeurs, le vaisseau où je suis labourait, effleurait nuit et jour bien des mers. En vain les vents le repoussaient maintes fois, et, par leur contrariété même, donnaient loisir à mes récits. Voilà que sa célérité l'emporte. La grise latitude de Terre-Neuve se fait en plein sentir. Les oiseaux des continens prochains apparaissent déjà ; on a vu voler vers l'ouest les premiers des vautours qui annoncent les terres. Avant cinq ou six jours, ô jeune ami, confident trop cher qui avez fait faiblir et se répandre le cœur du confesseur, avant la fin de cette semaine, il le faudra, nous nous quitterons.

XXIV.

J'avais été ordonné prêtre à la Trinité. De nouvelles relations se formaient autour de moi; des devoirs immenses, dont j'appréciais l'étendue, bordaient de toutes parts ma route et y jetaient de fortes ombres. J'étais retourné un moment à Paris, après mon ordination. La dernière attache personnelle que j'y avais gardée n'existait plus ; madame de Cursy était morte à la fin du dernier hiver, depuis trois mois environ, sans que je l'eusse pu revoir, et le petit couvent, peuplé à peine de quelques religieuses très-âgées et devenues infirmes, offrait une solitude veuve, dans laquelle la mort introduite n'allait plus cesser. Durant cette dernière année aussi, j'avais appris que mademoiselle de Liniers, cédant à la volonté de sa grand'mère au lit de mort, avait consenti enfin à accepter ce qu'on appelle un parti avantageux : elle avait épousé une personne plus âgée qu'elle, mais de naissance et dans des fonctions élevées. Que je lui sus un gré sincère, ange de sacrifice, de cette obéissance à une mourante, et de cette résignation de son cœur! Il me semblait y saisir, entre autres motifs pieux, un sentiment particulier de délicatesse qui s'efforçait de m'alléger un remords. Je n'avais eu, depuis bien des semaines, aucune nouvelle directe de Blois; madame de Couaën allait, à ce que je craignais, s'affaiblissant de jour en jour, bien qu'avec des alternatives de mieux qui rappelaient l'espérance et dissimulaient le déclin. Après m'être présenté à Paris devant mes supérieurs ecclésiastiques, qui me marquèrent mille faveurs, je me décidai par plusieurs raisons à faire le voyage de Rome. Mais, avant de partir, j'eus un désir invincible de revoir le pays natal, la ferme de mon oncle, et, je n'osais me le dire, la tour de Couaën. Sept longues années s'étaient écoulées depuis que j'avais quitté ces bois d'heureux abri. Il n'y avait plus un être vivant qui m'y attirât; mais j'avais besoin des lieux, des plages. Revêtu d'un ministère nouveau, je voulais bénir le champ de mort de mes pères; je voulais, homme mûr, m'incliner en pleurs vers mon berceau, me rafraîchir un peu aux vierges ombrages de l'enfance, me repentir le long du sentier de convoitise de l'adolescent. Avant d'entreprendre une marche pénible et infatigable dans les routes populeuses, il me tardait de faire ce détour pour respirer encore une fois l'odeur des bruyères, pour m'imprégner, en pleine saison, de cette fleur éparse des vives années et du souvenir sans fin de quelques âmes.

C'est par une belle après-midi, qu'étant descendu de voiture à la ville prochaine et reparti à cheval aussitôt, le long des haies, des fossés, des champs de blés rougissant par le soleil et non pas blondissant, comme ailleurs; croisant çà et là quelque troupeau de petits moutons noirs sur les gazons ras et fleuris, j'arrivai à la maison de mon oncle, qui était la mienne depuis sa mort, qui avait été ma demeure d'enfance et de jeunesse jusqu'au terme de mon séjour dans la contrée. J'en aperçus d'abord, à travers la claire-voie, les fenêtres garnies presque toutes de nids d'hirondelles, en signe d'absence, et les herbes grandies de la cour. Des chiens inconnus s'élancèrent, en aboyant, à mon approche, et ne s'arrêtèrent qu'à la vue de mon habit; en ce grave pays, les chiens même reconnaissent, respectent l'habit du prêtre et du clerc. A la fin le jardinier parut; c'étaient lui et sa femme qui, depuis des années, gardaient seuls ce logis, et chaque matin, d'après mes anciens ordres, ils avaient rouvert ces volets et chassé cette poussière, comme si j'eusse dû arriver le jour même : un mot écrit par moi à tout hasard avait été leur loi. J'entrai avec émotion en ces chambres inhabitées où tout était religieusement conservé dans la dernière disposition d'autrefois et ainsi qu'au lendemain des funérailles; les chaises propres placées en regard aux angles d'usage ; la table au milieu attendant la veillée du soir ; dans un coin, des cadres appuyés à la muraille et non accrochés du vivant de mon oncle, et qui étaient près de l'être, et qui ne le seraient jamais, image exacte de tant de projets et d'espérances! derrière une porte, à un clou de bois, le même grand chapeau de paille pour ceux qui iraient au jardin durant la chaleur du jour. Je revis tout, je remontai à ma chambre proche du grenier, là où je conversais, enfant, avec les nuées du ciel et avec les ramiers des toits; une cage ouverte, pendue encore à la fenêtre, me rappela une première douleur, une histoire de bouvreuil envolé. Je redescendis précipitamment et m'enfonçai dans le jardin et les prés, à travers les hautes fougères, hautes en vérité comme de jeunes sapins; je m'y perdais et m'y retrouvais; tout me paraissait à chaque pas, tantôt plus petit de proportion et de distance, tantôt plus grand que je ne me l'étais figuré; mais c'était toujours plus touffu, plus silvestre, plus abondant encore que je n'avais pensé en odeur saine et sauvage. Côtoyant l'étang et le cours d'eau vive, image des saintes eaux dans la solitude, je bus d'un long trait à cette source de mon héritage, si limpide, hélas! et si long-temps négligée, qui, tandis que le maître s'égarait ailleurs, n'avait pas cessé, elle, d'arroser et d'appeler, et de courir, pour le brin d'herbe du moins et pour l'oiseau. Il ne me manquait à cette heure qu'un ami à qui je pusse dire un peu ce qui m'oppressait, au sein duquel je pusse laisser tomber mes pleurs avec les paroles qui soulagent. Qui n'a pas ainsi rêvé un ami resté après nous dans nos chemins de l'enfance, retrouvé après dix ans au bout de la même allée, un bréviaire à la main; un ami, le témoin et le gardien de nos jeunes désirs, le chapelain fidèle de nos premiers vœux et de nos virginales ardeurs ? Tout ce que nous nous étions promis une fois, le soir d'une communion sainte; tout ce que nous projetions, les larmes aux yeux, en causant avec lui le long du berceau d'aubépines, il l'a tenu; il n'a pas bougé, il n'a pas dépassé la ville prochaine; il a étudié, il a prié, il a monté chaque année un degré. Il y a eu un moment dans sa vie où ceux qui la veille le bénissaient, il les a, à son tour, bénis, où il est rentré, lévite de Dieu, dans la maison de son père, voyant chacun s'incliner à son aspect; et cela s'est fait sans interruption orageuse, sans crise, sans absence, comme par ce simple mouvement des saisons qui pousse les arbres et les charge de feuillage. — Le jour surtout où l'on rentre soi-même au toit paternel désert, qui n'a pas rêvé un tel ami ?

Il est dit selon la maxime de l'humaine prudence : « Passez souvent dans le sentier qui mène chez l'ami; car autrement l'herbe y croîtra hérissée de broussailles. » Ce conseil est bon envers les amis qu'on rencontre tard, envers ceux que la convenance, un attrait frivole ou délicat, un intérêt et un but commun nous associent. Mais il est des amis d'enfance, des amis qui se sont faits à l'âge où les âmes se forment, avant qu'elles aient pris leur dureté virile et que l'écorce s'en soit épaissie; il est de ces amis qu'on ne voit jamais, qu'on retrouve une fois après dix ans seulement, qu'on n'a pas eu besoin d'entretenir ni de réparer, et qui sont toujours les plus sûrs, les plus chers au cœur. L'herbe sans doute a crû dans le sentier durant l'intervalle, elle y a poussé comme une forêt; mais quand on y repasse, après un si long temps, ce n'est que plus doux, et les ronces mêmes y ont leur charme comme dans la bruyère du vallon natal.

Moi, j'étouffais de pleurs, je suffoquais de souvenirs, faute d'un tel ami qui m'aidât à les porter. Que la nuit fut longue! et quelle active et magique insomnie sous ces rideaux de famille, parsemés d'antiques fleurs et de figures! Chaque figure, chaque fleur peinte jouait à ma pensée comme un composé d'âmes des morts. Dès le lendemain, de grand matin, ayant reparcouru tous les mêmes sentiers d'alentour dans la rosée, je sentis que c'était trop ; que m'exposer à un second coucher de soleil en cet horizon si chargé, c'était à faire éclater l'âme. J'avais décidé que je ne visiterais que cette maison et Couaën, pas d'autres lieux, ni la Gastine ni rien de ce côté. — Je partis donc, aussitôt après le déjeûner, sur un petit cheval du pays, avec mon porte-manteau en croupe, en disant qu'on ne m'attendît plus, et je me dirigeai vers le château, à deux lieues de là, pressé de traverser comme en droite ligne cette mer inondante de souvenirs et de parfums. Mon dessein était de m'arrêter seulement une ou deux heures et de regagner la ville, puis Paris incontinent.

Je me rappelais, en mettant pied à terre à certains endroits des chemins creux, ce jour où j'y étais allé pour la première fois, découvrant la route mystérieuse, comme maintenant je la reconnaissais. Oh ! mon pressentiment ne m'avait pas trompé alors ; c'était bien là qu'avait dû en effet se rencontrer le principal embranchement de ma vie. Tout ce que j'étais devenu ne dépendait-il pas de ce premier voyage? Dans l'intervalle depuis lors, toute la destinée s'était pour moi développée et comme infléchie sous l'impulsion de ce commencement ; la roue de ma fortune humaine avait versé de ce côté. Ce n'était rien de frappant aux yeux du monde, si peu d'événemens, et si peu visibles ! mais de près, toute une série de sentimens, de passions, d'erreurs, qui avaient découlé de là ; une nature tendre, émue, riche et faible tout ensemble, parcourant ses phases, subissant ses orages, jusqu'à ce port divin d'où elle repartait bénie, armée, affermie, je l'espérais, avec les orages du dehors à craindre désormais plutôt que ceux du dedans. Voilà bien un abrégé, pensais-je, de la plupart des destinées obscures des hommes ! Voilà donc ce que c'est qu'une jeunesse passée, ce je ne sais quoi d'enchanté et d'indéfini qui se perdait en si lointaines promesses ! Que n'eussé-je pas fait de ces années brûlantes dont on ne jouit qu'une fois, si les circonstances m'avaient aussi bien poussé vers les endroits apparens ? — Au lieu de cela, rien ; — rien, et tout autant hélas ! en réalité que si le résultat avait brillé davantage ; car que de troubles, de pensées, de vicissitudes et de combats ! quel monde intérieur ! Et dans le passé et dans le présent n'est-ce pas là l'histoire de beaucoup ! Que d'autres existences sans doute et de jeunesses, capables de luire, également ensevelies ? Quelle immensité de combinaisons, d'avortemens, de luttes et de souffrances cachées ! Voilà bien la vie. La masse de la société n'est que cela. La face de cette société change, se renouvelle, diffère avec les temps ; mais, sous ces nouveautés de forme et d'apparence, pauvres humains, générations tour à tour jeunes et flétries, pareilles aux feuilles des arbres, a dit l'antique poète, les mêmes encore aujourd'hui sous le souffle de Dieu qu'au temps de Job et de Salomon, pauvres humains, nous roulons au-dedans de nous les perpétuelles et monotones révolutions de nos cœurs. Ces révolutions éclatent plus ou moins au dehors, et parfois se mêlent à ce qu'on appelle histoire ; mais l'éclat ne fait rien à leur accomplissement. Toutes ces races qui se succèdent sur la terre naissent et fleurissent en leur saison, s'agitent et tourbillonnent à peu près sous les mêmes bises. Heureux parmi elles, heureux qui s'assure dès avant l'hiver l'unique printemps invariable et sacré ! Et je me disais ces choses sur le renouvellement constant des mêmes passions humaines, le long des haies toujours verdoyantes, au sein de la nature en fête et non changée. — A mesure que j'avançais vers le château, dont j'apercevais par instans la tour, il me semblait que je revenais toucher à mon point de départ pour clore de plus en plus le cercle de ma première destinée. J'étais troublé, chemin faisant, comme d'une dernière attente; mais mon trouble ne prévoyait pas tout.

En passant la première barrière et en traversant la cour de la ferme, je fus surpris de trouver un air de mouvement au château et non pas l'abandon morne, l'aspect inhabité que j'espérais; la fenêtre de la chambre que j'avais occupée long-temps, au-dessus de la porte d'entrée, était toute grande ouverte. La seconde barrière aussi passée avec mon cheval, que je menais par la bride, je vis, à travers la porte grillée du jardin, les autres volets pareillement ouverts. Au bruit des pas du cheval sous la voûte, une personne s'avança de la cour intérieure : c'était M. de Couaën; jugez de notre étonnement, surtout du sien. Bien que séparés depuis des années, le sentiment qui domina dans cet accueil fut la surprise, et sur son front un léger embarras. « J'étais dans le pays, balbutiai-je tout d'abord comme en me justifiant, j'ai voulu revoir encore une fois ces lieux d'où je vous croyais toujours éloigné ; mais comment vous y trouvé-je, comment êtes-vous ici?» — « Nous ne sommes en effet arrivés que d'hier soir, me dit-il ; madame de Couaën a eu un si extrême désir de respirer cet air presque natal, cette brise des mers, que j'ai dû céder à ce vœu de malade ; car elle l'est, malade, d'une manière plus inquiétante que jamais, ajouta-t-il. J'ai donc écrit pour une permission à M. D..., et il nous l'a fait expédier sans retard. Elle est très-faible et fatiguée de la route, j'irai la disposer à votre présence.»

Et j'admirais par quelle concordance merveilleuse ce désir en elle de revoir Couaën se rattachait au mien, qui était né subit aussi, maladif en moi et irrésistible. — Quoi! le même jour, à la même heure peut-être, elle à Blois, moi à Paris, sans nous entendre, sans aucun but déterminé, nous aurions ressenti tout d'un coup une si violente et inexprimable tentation de visiter les mêmes lieux, d'y respirer un moment ; et après des années d'absence, de privation et de prudence rigoureuse, nous nous y trouverions de nouveau en face l'un de l'autre, par pur hasard et au risque de troubles mortels ! — Non, cela n'est pas; les causes secondes et aveugles, qui pour l'homme s'appellent hasard, n'ont pas ainsi pouvoir de se jouer de nous et de remettre en question la paix de nos âmes; non, il n'y a que le doigt invisible qui ait pu préparer ceci, parce qu'il veut en tirer quelque chose de grand, de bon. Et une pensée haute et tendre me saisit au cœur, accompagnée d'un frisson de saint effroi, et je suivis, en tremblant, le marquis dans la chambre de la tour où il m'introduisait.

Elle était couchée sur une chaise longue, près de la fenêtre entr'ouverte, à la même place où je l'avais vue une première fois brodant au tambour. Elle ne se retourna pas non plus qu'alors, quand j'entrai, mais hélas! c'était faiblesse, et non distraction rêveuse. Sa fille, déjà grande, de dix à onze ans, se tenait debout entre la chaise longue et la fenêtre, les yeux sur ceux de sa mère. Je m'avançai vivement vers madame de Couaën; je lui serrai une main qu'elle me tendait, et la sentis au toucher bien sèche et bien grêle. Quant

au visage, elle était pâle comme autrefois, mais fondue et diminuée sous les blanches dentelles qui l'entouraient. Bientôt un peu de rougeur lui vint en parlant. Quelques mèches noires échappées sur son front, ses yeux, toujours brillans et comme agrandis par la maigreur, contrastaient avec cette joue flétrie. Ainsi étendue pourtant, calme, belle encore, dans cette chaude odeur de pêcher qui entrait avec le soleil et transpirait autour d'elle, si l'on n'avait su les lentes années de son mal, on l'eût prise pour une convalescente. — « Monsieur Amaury (car je veux tou-
» jours ainsi vous appeler), s'écria-t-elle la
» première d'un ton de voix dont je compris
» tout l'effort délicat et l'intention consolante,
» est-ce bien vous que nous revoyons ? et
» quelle grâce de Dieu vous amène ? » Et elle me parla des événemens de l'intervalle, de la grande résolution que j'avais conçue et accomplie, et qu'elle avait, disait-elle, tant admirée, de ce qu'elle en avait écrit souvent à cette bonne tante que nous avions perdue, et quelle satisfaction c'avait été pour celle-ci avant de mourir, m'aimant tout-à-fait comme l'un des siens. Après ces mutuels regrets sur

madame de Cursy, je lui parlai de sa fille, si avancée déjà, sa compagne si attentive, et de cette précieuse éducation suivie à loisir durant tant de longues journées en ces années solitaires. — Une idée brusque la saisissant, elle me demanda si je n'avais rien su du tout de l'arrivée de quelqu'un au château avant d'y entrer, et comme je lui dis que j'ignorais absolument toute arrivée et que j'étais uniquement venu pour revoir au passage, pendant une seule heure, des lieux si impossibles à oublier, elle répliqua par un mouvement involontaire, adoucissant en chemin, du mieux qu'elle put, sa funeste pensée par un sourire (pensée, au reste, qui rejoignit précisément la mienne) : « C'est singulier, on pourrait croire » que c'est le ciel exprès qui vous envoie. Et » en effet, monsieur Amaury, qui sait si bien- » tôt quelqu'un n'aura pas ici besoin de vous ? » — Un silence de nous tous suivit cette triste parole. M. de Couaën eut un sensible mouvement, soit de douleur, soit de mécontentement et d'embarras ; et il se pouvait qu'il fût embarrassé de ma présence, qu'il fût choqué surtout de l'idée d'une intervention possible de mon ministère. Le premier, il rompit l'entretien en parlant de la fatigue, qu'on devait éviter dans la position de madame de Couaën, et tous les deux nous sortîmes.

La chaleur était accablante ; il m'emmena au fond des bosquets, où nous nous assîmes. Je pus apprécier l'effrayant progrès du malheur, durant ces années, chez M. de Couaën, en proie éternellement qu'il était au deuil muet de son fils d'une part, et de l'autre, à ce duel sourd, opiniâtre, envenimé, avec le chef de l'Empire. Il ne me toucha rien du premier point, mais j'entrevis, à quelques mots amèrement résignés qui lui échappèrent sur l'état de madame de Couaën, que cette perte serait moins pour lui une nouvelle et incomparable douleur que comme le réveil de l'ancienne. Ainsi, quand on a éprouvé une fois la plus grande douleur que l'on puisse supporter en ce monde, les suivantes, en arrivant, ne remplissent pas davantage le vase déjà plein, elles ne font que l'agiter et en remuer la profondeur. Elles ne font, en frappant sur le cœur ulcéré, que rouvrir par parties l'ancienne plaie immense.

Quant à l'autre objet et pâture de son animosité active, il y arriva vite et m'entreprit là-dessus comme s'il n'y avait pas eu d'interruption depuis nos conversations premières, s'inquiétant peu de mon changement de condition, et avec un je ne sais quoi de manie, propre à ces grands caractères qui se sont usés sur eux-mêmes et n'ont pas trouvé jour à leur emploi. Comme je l'écoutais sans objection, il m'en savait gré, et l'ombre jalouse que j'avais cru voir d'abord à sa face se dissipait en éclair d'amitié, tandis qu'ainsi il m'entretenait de sa haine. Il y avait une influence, une fascination dans ses paroles sous laquelle je retombais, tout en y sentant plus fortement que jamais quelque chose d'outré, de faux, de destiné aux mécomptes. Son visage m'offrait cette espèce de transparence altérée, encore plus frappante qu'autrefois. A mesure qu'il s'exaltait dans son idée, il y blanchissait pour ainsi dire, il ne m'apparaissait plus du même âge qu'il y avait quatre années, il se faisait vieillard; je me figurais voir s'étendre, le long des rides, à ses tempes plus chauves, les griffes clouées d'un vautour. Je ne le comparerai jamais mieux, selon mon impression d'alors, qu'à un capitaine qui dans un pays conquis soutient seul un siége sur un coin de roc durant des années, oublié mais invaincu, grand mais raidi, et devenu un peu pareil aux pierres de ses créneaux, incapable d'autre chose après cette défense et à demi fou ensuite, comme on l'a dit, je crois, de Barbanègre après Huningue; ou encore à un blessé qui retient violemment ses entrailles et son sang, et qui met toute son haleine de vie à attendre la mort de son vainqueur.

Nous fûmes troublés au fort de notre conversation par une subite obscurité mêlée de tonnerre et par un torrent de pluie que nous n'avions pas vu venir, et qui ne nous donna pas le temps de rentrer. Tapis au plus fourré du feuillage, nous attendions un moment de trêve, lorsque bientôt, croyant entendre des voix redoublées qui appelaient, nous délogeâmes à travers l'ondée. C'était bien nous qu'on appelait ainsi par les jardins. Dès qu'elle nous aperçut, la jeune Lucy effarée se jeta aux bras de son père, en s'écriant que sa mère était morte, — qu'elle venait tout-à-l'heure de mourir !... Nous courûmes à la chambre et y trouvâmes en effet madame de Couaën sans connaissance sur sa chaise et comme inanimée : ce brusque orage avait produit une crise en elle.

Tandis que nous nous occupions tous de lui faire recouvrer le sentiment, l'ordre fut donné par M. de Couaën d'aller chercher au plus tôt le médecin à la ville. Rappelé aux devoirs de ma position, je donnai de mon côté, tout bas, l'ordre qu'on allât avertir le recteur de la paroisse. On avait déposé madame de Couaën sur le lit : après de longs efforts et une lutte bien pénible, elle reprit ses sens. Sa première pensée en nous retrouvant fut de nous sourire, mais elle ne put s'empêcher de dire qu'elle ne revenait pas pour long-temps. Elle était déjà suffisamment remise, quand le recteur qui avait fait hâte entra ; elle le reconnut à son habit, ne l'ayant pas vu auparavant, et elle comprit l'intention de sa présence. C'est alors que, se tournant vers nous, sans que le moindre embarras fît faillir cette voix si faible, sans que la moindre rougeur altérât la pâleur unie et déjà morte de son front, elle déclara souhaiter, puisque Dieu semblait m'avoir envoyé à dessein, et si toutefois M. le recteur et M. de Couaën, à qui elle en demandait la faveur, y consentaient, que ce fût moi qui la confessât, la communiât et la préparât à la mort, qu'elle sentait approcher. Le recteur, qui me connaissait déjà de nom, s'empressa, après deux ou trois questions qu'il me fit, d'acquiescer au vœu de la malade et de me céder tout pouvoir. Mais un nuage passa au front de M. de Couaën ; ce fut très-rapide, et lui-même, il vint, en me serrant convulsivement les mains, me conjurer d'accepter. J'eus un moment de doute extrême. Mais quand l'idée de tant de coïncidences miraculeuses s'éclaircit en moi ; quand, après ce premier acheminement en Bretagne par suite de mon premier désir, je vins à rapprocher de la scène présente ce second désir si ardent, que j'avais eu le matin même de quitter incontinent la maison de mon oncle pour Couaën, je ne pus méconnaître tout une ligne tracée et une indication lumineuse des voies de Dieu. Je m'inclinai donc, ne répondant que peu de mots qu'étouffaient les larmes, et je sortis de la chambre pour me recueillir par la prière avant les heures du ministère redoutable.

A peine retiré dans cette autre chambre où j'avais logé autrefois et qu'on m'avait de nouveau fait préparer, le poids m'accabla ; je tombai abîmé, le front contre terre, et j'invoquai avec élancement Celui qui fortifie et qui attendrit, qui donne au cœur la cuirasse d'airain et aux lèvres la suavité incorruptible ; Celui qui sait surtout comment, jeune ou vieillard, on parle aux vierges, aux veuves, aux courtisanes ou aux épouses, comment on console les mères au lit de mort ; le Même qui écoutait sans scandale, près du puits de Jacob, les paroles de la Samaritaine ; qui, dans la maison de Simon, sentit couler à flots, sur ses pieds, les pleurs et les parfums de la Magdeleine et fut ensuite essuyé des cheveux de cette femme, sans la repousser et sans en être troublé non plus, en disant hautement qu'elle faisait bien ; Celui qui jugea que la sœur de Marthe, assise tout un jour à ses pieds pour l'entendre, avait la bonne part ; Celui qui inspire et arme les confesseurs, et envoie aux moindres d'entre eux, s'ils sont sincères, un reflet de ses vertus, une majesté qui n'a rien de farouche, une condescendance qui n'a rien de charnel. Repassant au hasard les exemples qui semblaient un peu propres à m'autoriser, je le priai, ce Dieu des faibles et des mourans, qu'il me permît d'être moins dur, moins menaçant que ne l'avait été Abeilard repenti à l'égard d'Héloïse qui l'implorait ; qu'il me rendît moins complaisant et moins facile que ne le fut peut-être Fénélon envers la rêveuse des *Torrens;* mais que j'atteignisse plutôt à quelque chose de clément à la fois et d'austère, à quelque chose entre saint Jérôme exhortant sainte Paula, et saint François de Salès fermant les yeux à la baronne de Thorens. Je le priai qu'il me rendît grave sans contrainte, sobre sans aucune sécheresse, soudainement aguerri, doué de clartés et d'accens inconnus, maître de mes pleurs, commandant à mes vieilles idoles, capable, sans trop m'ébranler, d'enlever bien haut cette âme, de l'engendrer à Dieu sans trop tressaillir, de la présenter immolée, comme une sainte proie, sans la trop voir. L'âme du prêtre-pasteur s'élèvera comme l'aigle, est-il enseigné. Que mon âme donc, aisément sublime si vous le voulez, Seigneur, s'élève et monte! m'écriai-je, qu'elle monte, comme un aigle zélé, impitoyable, qui ravit dans sa serre et rapporte jusqu'à vous la colombe!

Parmi les trois sacremens que j'allais administrer, la confession, l'extrême-onction et la communion, il en était deux, les deux premiers, dont je n'avais pas eu l'occasion encore, étant prêtre depuis six semaines au plus. C'était donc sur cette créature de tant de prédilection que j'allais commencer à user des pouvoirs conférés de juge et de purificateur. Les cèdres du Liban eux-mêmes en auraient tremblé. Le recteur me vint trouver un moment ; je me fixai avec précision sur tous les détails, et il me quitta pour aller prendre à son église l'hostie et les huiles saintes, pendant que j'entendrais la confession.

Quand je rentrai dans la chambre de la tour, j'avais revêtu le surplis que m'avait laissé le recteur. Elle était couchée sur le lit, entièrement habillée, dans une attitude modeste, les mains jointes, la tête à demi relevée par des coussins. Elle paraissait dans un état de non-souffrance, comme il arrive souvent aux malades en ce dernier intervalle. Les lignes de son visage étaient agrandies et tranquilles; rien en elle, hors une ténuité de souffle et une mince haleine fébrile, ne trahissait le venin si présent de la mort. Tout le monde sortit, la porte de la chambre resta ouverte. La journée était redevenue belle, doucement rafraîchie, et le tintement des cloches, invitant aux prières des agonisans, nous arrivait de loin par instans avec la brise du soir, dans l'air plus sonore. Je me plaçai de manière qu'elle pût parler sans trop se pencher et sans que j'eusse à la voir moi-même; le crucifix fut posé en face sur un coussin, à l'extrémité du lit; elle y avait les regards et moi également. C'est alors que sa confession commença, aussi générale que possible, comme il sied à l'article de la mort.

Anges du ciel, Puissances d'amour et de crainte, avec vos encensoirs ou avec vos glaives, redoublez la garde autour de mon cœur, pour que ce qu'il a entendu en ces momens et répondu au nom de Dieu demeure scellé sept fois, pour que ce tabernacle de chair n'ait ni un déchirement ni un soupir, pour que ce qu'il a reçu de mystère y repose inviolablement à part, sans confusion possible avec le reste de mes souvenirs et de mes conjectures terrestres, ou plutôt pour que cela ne fasse jamais et à aucun moment n'ait fait partie de ma mémoire humaine, pour que ce ne soit en moi de ce côté que cendre, parfums, petite lampe lointaine et ténèbres environnantes, comme en un tombeau !

La confession achevée, tout le monde rentra. Le recteur, précédé de la sonnette, arrivait avec la fiole et le saint ciboire. Deux cierges furent allumés à la tête du lit et deux autres aux pieds. Les saints vases eurent une table dressée exprès, couverte d'une nappe blanche. On apporta quelques charbons embrasés sur un réchaud d'argent, pour y brûler les flocons imbibés sitôt qu'ils auraient essuyé l'huile. Comme l'état de la malade n'avait rien d'imminent et permettait de suivre le meilleur ordre, je dus commencer par l'extrême-onction, qui est le complément de la pénitence; qui, après l'absolution des fautes commises et des actes distincts, atteint chaque organe même jusque dans sa source et sa racine, le rectifie, pour ainsi dire, et le réintègre. Les domestiques étaient à genoux ou tenaient les cierges; le bon serviteur François, entre tous, faisait peine par sa douleur, excessive dans un vieillard; la jeune Lucy, à genoux sur une chaise à la tête du lit, morne, muette, admirable de soins, exprimait une forme de douleur réfléchie et trop au-dessus de son âge. Le marquis debout, voûté, les bras contre la poitrine, la face serrée et en certains mouvemens convulsive, sans larmes presque, sans apparence de prière, était le comble de la désolation silencieuse, l'image de la résistance écrasée et toujours inflexible, le grand malade qu'à cette heure ou jamais il me fallait aussi guérir. Ayant revêtu l'étole violette et assisté du recteur, je m'approchai de madame de Couaën. Après l'avoir prévenue de quelques endroits où elle aurait à répondre *oui, monsieur*, à mes questions, j'entrai dans l'application du sacrement, et j'opérai bientôt les onctions en signe de croix aux sept lieux désignés.

Ce qui se passait en moi tandis que je parcourais et réparais ainsi avec le sacré pinceau les paupières, les oreilles, les narines, la bouche, le cou, les mains et les pieds de cette mourante, en commençant par les yeux, comme le sens le plus vif, le plus prompt, le plus vulnérable, et dans les organes doubles, en commençant par celui de droite, comme étant le plus vif encore et le plus accessible ; ce qu'enfermait à mon esprit d'idéés infinies à la fois et appropriées chaque brève formule que j'articulais; ce qui, pour mieux dire, s'échappant de mes mains en pluie bénie, roulait en saint orage au-dedans de moi, cela n'a pas de nom dans les langues, mon ami, et ne se pourrait égaler que sur l'orgue éternel. Mais il vous est aisé d'ébaucher une ombre, de vous écrier, si vous le voulez, dans un écho tout brisé et affaibli d'une pensée incommunicable :

« Oh! oui donc, à ces yeux d'abord, comme au plus noble et au plus vif des sens; à ces yeux, pour ce qu'ils ont vu, regardé de trop tendre, de trop perfide en d'autres yeux, de trop mortel; pour ce qu'ils ont lu et relu d'attachant et de trop chéri; pour ce qu'ils ont versé de vaines larmes sur les biens fragiles et sur les créatures infidèles; pour le sommeil qu'ils ont tant de fois oublié, le soir, en y songeant!

» A l'ouïe aussi, pour ce qu'elle a entendu et s'est laissé dire de trop doux, de trop flatteur et enivrant; pour ce suc que l'oreille dérobe lentement aux paroles trompeuses, pour ce qu'elle y boit de miel caché!

» A cet odorat ensuite, pour les trop subtils et voluptueux parfums des soirs de printemps au fond des bois, pour les fleurs reçues le matin et, tout le jour, respirées avec tant de complaisance!

» Aux lèvres, pour ce qu'elles ont prononcé de trop confus ou de trop avoué; pour ce qu'elles n'ont pas répliqué en certains momens ou ce qu'elles n'ont pas révélé à certaines personnes; pour ce qu'elles ont chanté dans la solitude de trop mélodieux et de trop plein de larmes; pour leur murmure inarticulé, pour leur silence!

» Au cou au lieu de la poitrine, pour l'ardeur du désir, selon l'expression consacrée (*propter ardorem libidinis*); oui, pour la douleur des affections, des rivalités, pour le trop d'angoisse des humaines tendresses, pour les larmes qui suffoquent un gosier sans voix, pour tout ce qui fait battre un cœur ou ce qui le ronge!

» Aux mains aussi, pour avoir serré une main qui n'était pas saintement liée; pour avoir reçu des pleurs trop brûlans; pour avoir peut-être commencé d'écrire, sans l'achever, quelque réponse non permise!

» Aux pieds, pour n'avoir pas fui, pour avoir suffi aux longues promenades solitaires, pour ne s'être pas lassés assez tôt au milieu des entretiens qui sans cesse recommençaient! »

Mais tenons-nous, mon ami, dans la majesté du moment. Il y eut un endroit où je m'adressai en français aux assistans, pour les avertir de bien participer et coopérer en esprit à l'action sacramentale, pour leur rappeler que nous viendrions tous à notre tour à ce suprême passage, et que nous eussions à mériter d'y être avec autant de calme que celle que nous entourions. Puis, je l'avertis elle-même qu'elle eût à bénir sa fille, ses gens, et à proférer les conseils et les adieux. Elle le fit, sur sa fille d'abord, vers laquelle je soulevai sa main droite, déjà incertaine; cette main se posa dans les cheveux, au sommet de la tête, comme une colombe d'albâtre; la face de la jeune fille était cachée dans les couvertures où s'étouffait un gémissement. Elle lui recommanda les conseils de Dieu par la prière, à défaut de directions maternelles, et lui souhaita l'esprit de douceur dans la vie en récompense de tant de soins pieux. Sans retirer sa main de dessus les cheveux de sa fille, elle demanda pardon au marquis, au nom de cette chère enfant qu'elle lui confiait, — pardon de ses négligences d'épouse, du surcroît de fardeau qu'elle lui avait causé, des consolations possibles qu'elle avait omises. Il s'avança brusquement, et avant qu'elle eût fini, des pieds du lit où il était resté debout jusque-là, et, sans autre réponse, saisissant dans les cheveux de sa fille cette main défaillie, il la porta à ses lèvres avec un frémissement passionné. Puis, d'une parole faible mais distincte, elle s'adressa aux gens, et s'accusa de les avoir trop négligés durant son absence ; elle leur demanda des prières, et morte, de ne pas l'oublier, les nommant l'un après l'autre affectueusement par leur nom, à commencer par le vieux François ; ce n'était dans toute la chambre qu'un sanglot. La cérémonie de la communion suivit aussitôt. Dieu m'accorda que ma voix resta ferme, que mes yeux se continrent et que mon cœur ne fut pas entraîné par ce torrent de douleur qui grossissait à l'entour. Elle et moi, j'ose le dire, nous étions les plus calmes de tous, comme nous devions, les plus fixement dirigés, portés seulement par le flot de cette douleur et comme élevés plus haut vers le ciel dans la barque impérissable. La communion terminée, le recteur sortit reportant les saints vases à l'église, et nous restâmes seuls près du lit, le marquis, sa fille et moi ; ce fut alors une scène nouvelle d'adieux, mais plus pressante, plus intérieure. Elle redemanda pardon au marquis, et le conjura ici, comme elle avait fait tout-à-l'heure à sa fille, de laisser l'esprit de douceur et de pardon s'établir sans réserve en son âme ! « Si vous ne pardonnez à tous, lui disait-elle, oùi, à tous étrangers, manans ou Empereurs, c'est que vous ne m'aurez pas entièrement pardonné à moi-même. Pardonner complètement à une mourante, c'est pardonner en mémoire d'elle à tous ceux qui vivent. L'idée douce et pardonnée d'une morte chérie intercède perpétuellement dans un cœur. » Elle retournait cette pensée en mille sens délicats et sublimes. Revenant à sa fille, elle précisa davantage les conseils de prudence et de vie bien ordonnée, lui signalant surtout comme danger ce tour altier de caractère, mais avec mille tendres louanges sur le reste et d'adorables encouragemens. J'eus ma part aussi en ces intimes paroles : « Monsieur Amaury, me dit-elle, que je m'en vais reconnaissante jusqu'aux larmes de tant de services sacrés et de tant d'efforts sur vous-même! » Et elle me pria de la bénir, mais plus en particulier, comme simple prêtre et comme ami. Redescendu un peu de l'élévation première, j'eus peine en ce moment à ne pas éclater. C'est alors, et après cette part de chacun, qu'elle exprima le désir d'être enterrée, non pas à la sépulture paroissiale de Couaën, mais dans la chapelle Saint-Pierre, sous une dalle du milieu, vers l'endroit de la lampe, et qu'on y célébrât la messe deux fois l'an à son intention. Elle désira de plus être ensevelie dans les mêmes habits exactement qu'elle avait, allant par le scrupule de ce désir au-devant des soins les plus douloureux et de cette véritable agonie pour les vivans: heureuse, sans le dire, de nous épargner toute lutte, hélas! à ce sujet. Ses volontés ainsi clairement expliquées, elle se sentit très-faible; la nuit était venue; elle tomba comme en assoupissement. Tout entretien cessa, et je restai près du chevet à lire à mi-voix des psaumes en français. de manière qu'elle pût m'entendre si elle ne dormait pas, et qu'elle ne s'éveillât pas si elle dormait.

Le docteur ne tarda pas à arriver de la ville; il la trouva aussi faible que possible, mais avec entière connaissance; il n'y avait rien à tenter, sinon quelques cuillerées fortifiantes qu'il ordonna Le recteur lui-même revint pour assister la malade de ses prières, et durant toute la première moitié de la nuit, lui, le docteur, M. de Couaën, sa fille et moi, nous remplîmes cette chambre silencieuse et déjà funèbre, où deux cierges étaient restés allumés. Mais après minuit, comme il n'y avait symptôme d'aucun accident, j'obtins que le marquis et Lucy se retireraient pour prendre un peu de repos. Le docteur passa dans une chambre voisine, à portée du moindre appel, et le recteur aussi s'absenta pour ne revenir qu'au matin. Me trouvant seul alors avec la femme de service, ou parfois même tout-à-fait seul, près du lit où cette âme veillait sa veille suprême et haletait si doucement, je redoublai de prières; dans l'abondance de mon cœur, j'en ajoutais de jaillissantes à celles des textes que j'avais sous les yeux. Si j'interrompais un moment et laissais expirer ma voix, un léger mouvement de la malade m'avertissait de continuer et qu'elle en réclamait encore. Vers le matin pourtant, les autres personnes étant absentes toujours, et même la domestique depuis quelques instans sortie, tandis que je lisais avec feu et que les plus courts versets du rituel se multipliaient sous ma lèvre en mille exhortations gémissantes, tout d'un coup les cierges pâlirent, les lettres se dérobèrent à mes yeux, la lueur du matin entra, un son lointain de cloche se fit entendre, et le chant d'un oiseau, dont le bec frappa la vitre, s'élança comme par un signal familier.

Je me levai et regardai vers elle avec transe. Toute son attitude était immobile, son pouls sans battement. J'approchai de sa lèvre, comme miroir, l'ébène brillante d'un petit crucifix que je porte d'ordinaire au cou, don testamentaire de madame de Cursy; il ne s'y montra aucune haleine. J'abaissai avec le doigt sa paupière à demi fermée ; la paupière obéit et ne se releva pas, semblable aux choses qui ne vivent plus. Avec le premier frisson du matin, dans le premier éclair de l'aube blanchissante, au premier ébranlement de la cloche, au premier gazouillement de l'oiseau, cette âme vigilante venait de passer !

Ame admirable et chère, envolée pour toujours en ce moment, depuis cette heure où vous êtes entrée dans l'invisible, où, sauf une dernière expiation plus ou moins lente, vous avez été certainement promise à la plénitude des joies de Dieu, depuis lors vos yeux spirituels se sont instantanément dessillés; le fiel de la mort, comme le fiel du poisson de Tobie, donne toute clairvoyance à ceux qu'il a touchés. Vous savez ce que nous sentons, ce que nous faisons ici-bas, ce que nous avons fait et senti dans les années antérieures, dans ces temps même où vous viviez près de nous sous l'enveloppe du corps et où vous nous jugiez si indulgemment. Oh! ne rougissez pas trop de nous. Moi qui vous ai aidée, soulevée avec effort et autorité jusque là-haut, du moment que vous y êtes, je retombe, je m'incline; c'est à moi plutôt de vous prier. Secourez-nous, belle Ame, devant Dieu; demandez-lui pour nous la force que nous vous avons communiquée peut-être, mais hélas! sans l'avoir assez en nous-même; et, puisqu'il faut à l'infirmité mortelle, pour marcher constamment vers les sentiers sûrs; un signal, un appel, un souvenir, Ame chaste et chère, intercédez près du Maître pour que vous nous soyez ce souvenir d'au-delà, cette croix apparente aux angles des chemins, pour que vous soyez de préférence l'esprit d'avertissement et l'ange qu'il nous envoie!

Lorsque le marquis entra peu après, je m'avançai à sa rencontre, et, lui montrant d'une main le corps inanimé, je passai l'autre à son cou : « C'est maintenant qu'elle vit d'une vie meilleure, lui dis-je en l'embrassant. » La journée fut pénible et bien longue. Nous nous tenions tour à tour ou ensemble, lui, sa fille, le recteur et moi, dans cette chambre muette, où, près des cierges vacillans, vacillait aussi monotone et triste, sur les lèvres du recteur ou sur les miennes, la psalmodie d'une lente prière. Au dîner, j'essayai de rompre le silence morne, en parlant des exemples de saints trépas et des bénédictions qui s'en répandent sur les vivans; mais je sentais une difficulté extrême à prendre, vis-à-vis de M. de Couaën, le ton de supériorité de mon sacerdoce. Comme le silence revenait toujours, après un de ces momens de pause : « Mon cher Amaury, me dit M. de Couaën, j'ai résolu de faire élever et entretenir un phare à l'endroit de la chapelle Saint-Pierre. C'est un lieu assez dangereux ; des pêcheurs de nos côtes s'y brisent souvent. Il y aura un garde à ce fanal, et en même temps la chapelle en sera mieux protégée. » C'était la première fois que je l'entendais se soucier ainsi des pêcheurs naufragés de la côte; il me sembla saisir comme un bruit lointain d'eaux filtrantes dans les entrailles du rocher.

Je passai le soir et une partie de la nuit à veiller près du lit mortuaire. Mais presque au matin, M. de Couaën exigea fortement que je sortisse, afin d'être propre aux offices de la journée. J'étais donc à reposer avec pesanteur depuis quelque temps, lorsque le vieux François me vint réveiller et avertir qu'on entendait dans la chambre de la tour, où M. de Couaën avait ordonné qu'on le laissât seul, des gémissemens et des cris étouffés qu'il poussait autour de ce corps, mais qu'on n'avait osé ouvrir ni entrer contre sa défense. Je descendis aussitôt, et, en approchant, j'entendis en effet des espèces de hurlemens lugubres et sourds, comme d'une mère qui se roulerait sur le corps sans vie d'un enfant. J'entrai ; il était la face contre le lit, sur l'objet qu'il tenait embrassé ; le cercueil qu'il avait fait apporter restait ouvert auprès, sans qu'il pût se décider à y déposer ce qui avait été le plus tendre de sa chair. Ses cris cessèrent en me voyant ; il ignorait peut-être en avoir poussé de si lamentables et avoir été entendu. — « Sachons, lui dis-je, nous séparer des dépouilles corruptibles qui ne sont pas l'âme que nous pleurons ! » — Et prenant avec précaution le corps sous les bras, comme on fait pour une personne malade qu'on craint de heurter, comme les saintes femmes firent pour Jésus, je l'engageai à prendre de même le milieu du corps et les pieds ;

il suivit ce que j'indiquais, et le fardeau ainsi déposé doucement dans le cercueil, je dis : « Passons-nous de mains étrangères. » Et le couvercle étant mis, je plaçai les clous de mon côté et lui ceux du sien, car il avait déjà apprêté lui-même tous les instrumens, et, de la sorte, nous fîmes ensemble ce qu'il avait résolu d'achever seul.

L'enterrement eut lieu dans la matinée, ce fut le recteur qui célébra le service. J'avais dit une basse messe auparavant, toute pour l'âme de la décédée. Durant le service, le marquis dominait les assistans de la hauteur de sa tête vénérée, seul au banc le plus proche du chœur, debout contre le marbre de son fils. Le convoi se mit en marche à partir de l'église vers le château et la montagne, côtoyant le derrière des jardins, le canal et les abords du moulin à eau, les lieux les plus préférés d'autrefois, traversant le ruisseau ferrugineux, et prenant la haute allée, bien rude alors sous la chaleur du jour. Le bruit de l'arrivée et de la mort de madame de Couaën n'avait pas encore eu le temps de se répandre ; il n'était donc venu que les paysans du village et des prochains hameaux, des femmes en assez grand nombre, quelques jeunes filles. Le marquis voulut en être jusqu'au bout, sa fille était restée au château. Je montais près de lui la montagne, en surplis, l'aidant parfois de mon bras, car la montée était pénible à cette heure, le soleil, à travers l'ombre inégale, frappait sur nos têtes nues; les porteurs du cercueil gravissaient lentement et haletaient devant nous. O soleil! pesez, sur nous deux du moins, pesez plus cuisant encore; cailloux, faites-vous plus tranchans à nos pieds! C'est là que nous montions la dernière fois, il y a sept années, moi avec un éclair suspect et un chatouillement adultère, lui en proie aux ambitieuses âcretés et aux jalousies de la gloire. Oh! que l'un et l'autre, qui suivons ce corps, nous soyons rompus chacun dans notre plaie aujourd'hui! qu'il s'en revienne autant guéri que moi, désormais par la même grâce! Mais, soleil, vous n'êtes pas encore assez pesant sur nos têtes; montée, vous n'êtes pas assez rude; ni vous cailloux, assez aigus à nos pieds; car il faut que notre sueur découle aujourd'hui comme du sang, il faut qu'elle pleuve le long des vieilles traces jusqu'à les féconder comme des sillons!

Arrivés au sommet, le plus grand spectacle et, depuis tant de temps, inaccoutumé, s'ouvrit à nous : une bruyère parfumée et fleurie, bourdonnant de mille bruits dans la chaleur, un ciel immense et pur encadrant une mer brillante, et tranchant net sur le noir des rochers anfractueux qu'il continuait comme une bordure glorieuse. Tout jusqu'alors à Couaën, autant que j'avais eu attention de le remarquer, m'avait paru plus petit, plus abrégé qu'auparavant ; ici seulement je retrouvais la même éternelle grandeur. Ainsi, pensai-je, cette montée d'où nous sortons ressemble à la vie ; au-delà et au sommet, voilà ce que découvre l'âme. Mais l'âme qui découvre ces choses en Dieu dès cette vie, doit marcher encore, comme nous faisons, sous la fatigue du jour et du soleil, tandis que l'âme sainte des morts a passé les fatigues et la peine. Et je priais, tout en marchant, pour celle dont l'esprit habitait si volontiers cette bruyère au temps de la terrestre patrie, et qui, planante et délivrée, y revenait en ce moment autour de nous.

À l'intérieur de la chapelle, tout avait été préparé. On n'eut qu'à descendre le corps sous la dalle du milieu, dans une espèce de petit caveau, et la terre fut jetée dessus. Mais à cet aspect les pleurs et les pensées m'assaillirent. Avec l'agrément du recteur, je m'avançai au seuil, et devant les assistans en cercle, devant cette mer et ce ciel majestueux, non loin de la guérite en pierre, dans une langue à être comprise de tous, je m'écriai :

« Vents de l'ouest, soupirs de l'Océan, soufflez sans trop de colère, apportez quelquefois dans vos orages une brise qui soit celle de sa patrie !

» Flots de la mer, ne rongez plus si furieusement cette falaise et n'y renversez rien !

» Alcyons, corneilles, goëlands, oiseaux qui partez l'automne aux grandes rives, posez-vous ici dans vos rassemblemens ; Dieu bénira votre traversée et fortifiera vos ailes !

» Vaisseaux, voiles en détresse, ayez confiance ; faites, ô Dieu, qu'aucun ne se brise plus à ce golfe hérissé, et que le phare qui va se dresser en ces lieux ne soit pas trompeur !

» Mon Dieu, qui êtes dans les vents, dans les flots, dans les élémens, qui présidez aux lois des choses et aux destinées des hommes, faites qu'il n'arrive rien que de bon, de clément et de béni, autour des restes mortels de Celle, si bonne et si éprouvée et si pénitente, pour le repos de laquelle nous vous prions ! »

Et, me retournant vers la foule, je la congédiai ; tous se rompirent en silence. Nous cheminions derrière, le marquis, le recteur et moi, sans engager d'entretien.

La journée se passa pour chacun de nous dans sa chambre, à vaquer aux blessures et à la douleur. J'avais vu le marquis attendri, j'avais entendu son gémissement le matin, j'avais saisi des pleurs à ses joues quand j'avais parlé hors de la chapelle ; j'avais senti, au retour, son bras qui tremblait en s'appuyant sur le mien. J'attendais avec anxiété le moment de nous trouver seuls, et naturellement en conversation, pour frapper sur lui les derniers coups, selon mon devoir et selon mon cœur. Après le dîner, qui eut lieu pour la forme et très-tard, étant sortis par les jardins, lui, la jeune Lucy et moi, nous nous vîmes sans y avoir pris garde, arrivés à l'avenue de la montagne. Le marquis renvoya amicalement sa fille, et nous continuâmes de marcher. C'est alors qu'après quelques minutes de lutte secrète et d'hésitation, vers le milieu de la montée, je commençai brusquement.

« Marquis, lui dis-je, permettez-moi de vous parler une fois en ces lieux avec l'autorité de Celui qui m'a consacré et du haut du révéré souvenir de ceux qui ne sont plus. Dites, qu'avez-vous senti durant ces derniers et tristes jours ? Que sont devenus, noyés dans une vraie affliction, vos soucis de la veille, les ambitions de cette terre, ces âpretés insurmontables où vous vous butiez, ces duels inégaux contre les puissans ? Les victoires de demain, qui démentiront encore vos espérances, pourraient retentir à votre oreille en ce moment, sans que vous entendiez moins le silence de la mort, le mugissement solennel et infini des flots. Ce pouvoir inique qui vous blesse et que remplacera, lorsqu'il va tomber (car il tombera à la fin, je le sais bien), un autre pouvoir qui sera bientôt une iniquité à son tour, dites, en sentez-vous votre orgueil froissé en cet instant, et songez-vous à vous en ulcérer et à le maudire ? Que les vraies douleurs aient cela du moins de fécond en nous, de nous guérir des fausses et des stériles !

» Tout ce désordre dans les résultats humains, cette inégalité dans les sorts et dans les chances, ce *guignon* du hasard que vous accu-

siez ici, il y a sept ans, tout cela n'est tel que
parce que la révolte de la volonté le crée et
l'entretient. Je ne voudrais d'autre preuve que
le mal a été pour la première fois introduit au
monde par la volonté en révolte de l'homme,
que de voir combien ce mal, tout en persistant dans son apparence, cesse en réalité, se
convertit en occasion de bien, s'abaisse à portée de la main en fruit de mérite et de vertu,
sitôt que le front foudroyé s'incline, sitôt que la
volonté humaine se soumet. Le complément
universel de toutes nos insuffisances, le correctif de toutes les inflictions, la concordance de
tout ce qui jure et crie, la lumière dans le
chaos, c'est de vouloir en un sens et non dans
un autre, c'est d'accepter; — oui, c'est de vouloir la douleur, la mort, et ce qui est pire pour
certaines âmes, l'obscurité, l'injustice, la méconnaissance. Tous ces maux n'existent véritablement plus dès qu'on les veut, ou du moins
ils n'existent que pour devenir des sources
guérissantes dans leur amertume. Rendez-vous
un peu compte, Marquis, et voyez si, à le bien
prendre, vous n'auriez pas lieu de bénir et de
louer peut-être, précisément pour n'avoir pas
réussi au gré de vos désirs. Car, que seriez-vous

vraiment, si vous aviez réussi et surgi, si ce monde où vous vouliez mettre le pied s'était laissé aborder par vous, si vous y aviez saisi le rôle important que rêvait votre jeunesse? L'écueil de tous les grands caractères de votre sorte, une fois engagés dans la pratique, quel est-il? La duplicité forcée envers les hommes, l'astuce dans les moyens, l'excès par enivrement, le prétexte des raisons d'État. Vous rougissez, pardon! C'est qu'au lieu de cela vous avez gardé la grandeur et la simplicité des voies non fréquentées, une sorte d'ingénuité antique, compagne fidèle de votre désespoir. Oh! il n'y a de trop en vous et je n'y voudrais retrancher que la haine! »

Et je poursuivais encore, le voyant sous ma prise et m'écoutant : « Oh! si vous introduisiez en vous ce seul élément qui manque, le souffle de fraîcheur qui n'arrive jamais trop tard, la rosée qui trouve à féconder jusque dans les rocs et dans les sables (et je lui montrais un endroit de sable mêlé de verdure, une espèce de garenne parfumée où nous marchions)! — Que ces morts qui vous sont chers enlèvent une part de vos nuits, une part de votre âme, à ces haines d'ici-bas et à ces émulations prolongées

qui attestent une grande nature, mais qui aussi
la précipitent, qui l'emprisonnent dans les ca-
vernes féroces, qui l'aigrissent dans les ronces.
La jeune fille, si grave déjà, si frappée, qui
est toute votre image, est-elle destinée à achever de mûrir enveloppée par vous d'une ombre
plus dure que celle des cyprès ? — Sachez accepter en esprit ce qui est, veuillez-le ; priez
seulement, priez ; donnez cours en vous à cette
simple pensée. Je vous dirai aussi : Noble Si-
cambre, à demi dépouillé au milieu de l'âge,
courbez-vous ! faites-vous un de nous tous, un
homme veuf, un père navré, un enfant des
misères mortelles ! Une larme longtemps niée
et dévorée qui tombe enfin, humble et brûlante, d'une prunelle de pierre, compte plus
devant Dieu que les torrens épanchés par des
tendresses faciles; un genou de fer, qui se met
à plier, arrache en s'abaissant la voûte des
cieux ! »

Il se taisait toujours, et comme nous en étions
à redescendre, j'aperçus l'étoile dans le ciel,
au même endroit que lors de l'ancienne et dernière promenade. Près de la tourelle, sur la
terrasse, sa fille, *reconnaissable à son chapeau
de paille*, semblait nous attendre, comme jadis

faisait la mère. Je montrai du doigt l'étoile : « Ainsi des âmes des morts, lui dis-je; on les quitte à l'occident parmi la poussière de la tombe, et voilà qu'on les retrouve à l'orient! » — « Ah! oui, s'écria-t-il alors en éclatant et s'abandonnant, vous l'avez dit, mon ami : *Lucia nemica di ciascun crudele ;* j'ai trop vécu jusqu'ici de haine ; » et nous tombâmes dans les bras l'un de l'autre, à ce nom de Lucy, y demeurant quelque temps muets, hormis par nos sanglots. — Sa fille nous vit-elle ainsi embrassés, du haut de sa terrasse ? Que conçut-elle à cette vue ? En resta-t-elle occupée dans la suite ? Je l'ignore. Savons-nous ce que pensent en leur cœur les filles de celles que nous avons aimées ?

A partir de ce moment, le marquis ne fut pas guéri de son mal sans doute ; on ne se sèvre pas en un jour de l'ambition non plus que des plaisirs. Mais un nouvel et pacifique élément fut introduit en lui ; un effort salutaire s'établit alors, et de plus en plus avec l'âge se régularisa en cette grande âme ; le sens de sa Croix lui était donné : il eut désormais le mérite de ses souffrances.

Moi, j'avais accompli ce que je devais à mon

ministère; mais j'étais à bout de ma force; l'affection tant refoulée avait son retour, et je n'allais plus pouvoir suffire au-delà; il était temps de me dérober. Le lendemain donc de cette journée des funérailles, de grand matin, je descendis, je sellai moi-même mon cheval et le fis sortir au pas, doucement, jusqu'au-delà des cours et des barrières, quittant sans adieux le château, — et puis la Bretagne incontinent, et, quelques jours après, la France.

XXV.

Mon ami, vous savez tout; le reste de ma vie n'a été qu'une application, autant que je l'ai pu, des devoirs et des sentimens généreux envers les hommes; beaucoup d'emplois, de l'étude, des voyages, des mouvemens bien divers. Mais ce que j'ai senti de propre, ce qu'il y a eu d'original et de distinctif en ma destinée, la part marquée devant Dieu à mon nom, dans ce tribut universel d'infortune humaine et de douleur, ce goût caché par où je reconnaîtrais une de mes larmes entre toutes les larmes, voilà ce qui se rattache éternellement, pour moi, aux circonstances de cette histoire. Presque tout homme dont la jeunesse fut sensible, a eu également son histoire où la qualité principale de son âme et, en quelque sorte, la saveur naturelle de ses larmes, s'est produite, où il a apporté sa plus chère offrande pour prix de l'initiation à la vie. Mais la plupart, loin de ménager et de respecter ce premier accomplissement en eux, le secouent, le brusquent, le dénaturent et finissent d'ordinaire par l'abolir ou le profaner. Cet ambitieux qui s'obstine misérablement et vieillit dans les ruses, il a eu, sans doute, en son âge meilleur, un premier et noble trésor de souffrances, quelque image gravée, quelque adoré sépulcre qu'il s'était promis à un moment généreux de visiter toujours; mais il s'en est vite lassé, il l'a laissé choir et se recouvrir de terre après quelques saisons; il a fini par bâtir dessus l'appareil de ses intrigues, l'échafaudage fatigant de sa puissance. Le poète, lui-même, qui bâtit un mausolée à l'endroit des premières grandes douleurs, risque trop souvent d'oublier l'âme dans le marbre du monument; l'idolâtrie pour la statue lui dérobe la cendre. Cet homme desséché, frivole, ce fat mondain qu'on évite il a eu peut-être son histoire aussi comme l'ambitieux, comme le poète; il a commencé par sentir; mais il a depuis tant ajouté de fades enveloppes et de contrefaçons mensongères à ce premier et meilleur sentiment, qu'il se perd toujours en chemin avant d'en rien retrouver. N'est-ce donc pas le mieux, après avoir subi dans sa jeunesse une telle calamité déchirante et tendre, de s'y tenir, de la garder secrète, unique en soi, de la purifier avec simplicité dans le silence, de s'y réfugier aux intervalles de la vie active à laquelle le reste des ans est destiné, de l'avoir toujours dans le fond comme un sanctuaire et comme un tombeau auquel, en chaque route, nous ramènent de prompts sentiers à nous seuls connus, d'en revenir sans cesse avec une émotion indéfinissable, avec un accent singulier et cher aux hommes, qu'on leur apporte sans qu'ils sachent d'où, et qui les dispose en toute occasion à se laisser toucher par nos paroles et à croire à notre croyance?

J'ai tâché, du moins, que ce fût pour moi ainsi; que l'astre mystérieux et lointain jetât sur tous mes jours un reflet fidèle, qui n'est autre à mes yeux, qu'un reflet adouci de ma

Croix. Durant les vingt années, bientôt, qui ont suivi la dernière crise, ma vie a été assez diversement occupée à l'œuvre divine, assez errante, et plus fixée vers le but que dans les lieux. Au sortir de semblables émotions, jeune encore, ayant tant à veiller sur moi-même, sur les anciennes et les récentes plaies, j'ai dû redouter tout fardeau trop lourd, toute charge régulière d'âmes. Rome, à plusieurs reprises, m'a tenu long-temps et m'a beaucoup affermi. Cette cité de méditation, de continuité, de souvenir éternel, m'allait avant tout; j'avais besoin de ce cloître immense, de cette célébration lente et permanente, et du calme des saints tombeaux. C'est à Rome qu'on est le mieux, après tout naufrage, pour apaiser les derniers flots de son cœur; c'est à Rome aussi qu'on est le mieux pour juger, de là, comme du rocher le plus désert, le plus stable, l'écume et le tourbillonnement du monde. Je suis revenu souvent dans notre France, mais sans y désirer une résidence trop longue et des fonctions qui m'attachassent, me sentant plus maître de moi, plus capable de bien ailleurs. Diverses fois, depuis la soirée de la colline, j'ai revu M. de Couaën, mais jamais en Bretagne ; il ne se remit pas à y habiter constamment en effet. Le temps de son permis de séjour expiré, il négligea, malgré les insinuations de M. D...., de réclamer grâce entière. Une sorte d'habitude triste et quelques avantages qu'il y voyait pour sa fille le retinrent à Blois jusqu'à la première restauration. Aux Cent-Jours, il passa de Bretagne en Angleterre avec sa fille, déjà grande personne et accomplie. Il revit l'Irlande, retrouva les débris de parenté qu'il y avait, ainsi que la famille restante de madame de Couaën. C'est dans ce voyage que la belle Lucy plut extrêmement à un jeune seigneur du pays, fils d'un pair catholique ; elle l'épousa deux ans après, et aujourd'hui elle habite tantôt Londres, tantôt l'Irlande et ce même comté de Kildare. Je lui ai donné en cadeau, lors de son mariage, la ferme de mon oncle avec quelque bout de terre qui en dépendait, ne me réservant viagèrement, de ce côté, qu'un autre petit quartier modique. Elle n'a sans doute attaché que peu de prix à ce don, moins de prix que, moi, je n'y en mettais. Étant enfant dans le pays, elle ne connaissait pas ce lieu, et peut-être ne le visitera-t-elle jamais ; mais c'est un bonheur indicible pour nous de donner des gages aux enfans des mortes aimées, et de rassembler sur eux des témoignages bien doux qu'en partie ils négligent et en partie ils ignorent. Un de vos poètes n'a-t-il pas dit?

> Les jeunes gens d'un bond franchissent nos douleurs.
> Que leur font nos amours ?... leur ivresse est ailleurs...

A son retour en France après les Cent-Jours, le marquis refusa de se laisser porter à la Chambre de 1815, de laquelle il eût été nommé tout d'une voix. Il craignait, en présence des griefs et dans le choc de tant de passions, le réveil de ses propres sentimens et le travail en lui du vieux levain. Il mourut, un an environ après le mariage de sa fille, en 1818, soutenu des espérances de la religion, et croyant fermement retrouver la femme et le fils qu'il avait perdus. J'eus la douleur de ne pas être là, près de lui, en ces momens.

Qu'ai-je à vous ajouter de plus, mon ami, sur les autres personnages de cette histoire ? Moi-même ai-je su, hélas! dans l'absence, le détail ou l'issue de leurs destinées ? On sort ensemble du port, ou plutôt, sortis chacun des ports voisins, on se rencontre dans la même rade; on s'y fête d'abord, on s'y pavoise, on y séjourne en attendant le premier vent; on part même en escadre unie, sous le même souffle, jusqu'au soir de la première journée; et puis l'on s'éloigne alors les uns des autres, on se perd de vue, comme par mégarde, à la nuit tombante; et si l'on se retrouve une fois encore, c'est pour se croiser rapidement et avec danger dans quelque tempête, — et l'on se perd de nouveau pour toujours. — Mademoiselle Amélie, dont je vous ai dit le mariage, mourut quelques années après, laissant un fils. J'ignore tout le reste. Mon excellent ami de Normandie continue de vivre dans sa retraite presque heureuse, et son affermissement à peine troublé. Cœur régularisé dès long-temps, il se plaint parfois de palpiter encore. Si ce n'était pas à vous que j'écris ces pages, c'est à lui que j'aimerais surtout les adresser.

Je n'étais pas en France quand M. de Couaën mourut. J'étais parti une première fois vers cette Amérique que je vais revoir, mais aujourd'hui pour ne plus sans doute la quitter. J'y demeurai trois années entières dès-lors, dans des fonctions actives, échappant ainsi à cette retraite, trop absorbante à la longue, de la vie romaine, ou au spectacle des querelles envenimées de notre France. C'est après mon retour de ce premier voyage, qu'un soir, vous le savez, au mont Albane, un peu au-dessous du couvent des Passionistes, non loin du temple ruiné de Jupiter et de la voie triomphale interrompue, et les deux beaux lacs assez proches de là à nos pieds, nos destinées, mon ami, se rencontrèrent. Je vous surpris seul, immobile, occupé à admirer; en face, le couchant élargi et ses flammes, débordant la mer à l'horizon, noyaient confusément les plaines romaines et doraient, seule visible entre toutes, la coupole éternelle. Une larme lumineuse baignait vos yeux : je m'approchai de vous sans que vous fissiez attention, ravi que vous étiez dans l'espace et aveuglé de splendeurs. Puis cependant je vous adressai la parole, et nous causâmes ; et tout d'abord votre esprit en fleur me charma. Après quelques causeries semblables des jours suivans, je compris vite quels étaient votre faible et votre idole, vos dangers et vos désirs. Je vis en vous comme un autre moi-même, mais jeune, à demi inexpérimenté encore, avant les amertumes subies, à l'âge de l'épreuve, et capable peut-être de bonheur; je me pris alors de tendresse et de tristesse; ce cœur, qui se croyait fermé pour jamais aux amitiés nouvelles, s'est rouvert pour vous.

Vous vous êtes quelquefois étonné, quand vous m'avez mieux connu, mon ami, que je n'eusse jamais essayé de saisir et d'exercer une influence régulière, et de me faire une place évidente, par des écrits, par la prédication ou autrement, dans les graves questions morales et religieuses qui ont partagé et partagent notre pays. Cet éloignement de ma part, sans rien dire des talens qu'il aurait fallu, a tenu à deux causes principales. La première, c'est que n'ayant jamais abordé votre monde actif de ces dernières années à son milieu, l'ayant observé plutôt en dehors, de loin, par-delà l'Atlantique, durant ces trois années de séjour, ou du sein des places désertes de Rome, le long des murs des monastères et dans l'isolement de mes anciennes douleurs, j'ai cru voir que le monde vrai était bien autrement vaste et rebelle à mener qu'on ne se le figure d'ordinaire en vivant au centre d'un tourbillon; et j'ai beaucoup retranché en idée à l'importance de ce qui occupait le plus éperdument chez vous, et par conséquent aussi à l'influence prétendue gouvernante de telles ou telles voix dans la mêlée. En second lieu, j'ai douté toujours que cette influence publique, bruyante, hasardée, où se glissent tant d'ingrédiens suspects, tant de vains mobiles, fût la plus salutaires. Il m'est arrivé dans mes sentiers divers et dans mes détours errans, souvent, par exemple, au sein de ces ordres religieux que le monde croit morts et qu'il méprise, — il m'est arrivé de découvrir tant d'intelligences et d'âmes à peu près inconnues, sans éclat, sans scène extérieure, mais utiles, profondes, d'une influence toute bonne, certaine, continue, précieuse à ce qui les entoure, que j'en suis revenu à mes doutes sur la prédominance avantageuse des meneurs les plus apparens. Mon vœu secret et cher aurait donc été de prendre rang devant Dieu parmi ces existences assez obscures mais actives, parmi ce peuple çà et là répandu de bienfaiteurs sans nom. Les plus belles âmes sont celles, me disais-je, qui, tout en agissant, approchent le plus d'être invisibles, de même que le verre le plus parfait est celui qui laisse passer l'entière lumière sans en garder une part, sans avertir par mille couleurs pompeuses qu'il est là.

En des temps si agités et du seuil d'une vie qui observe, je n'ai pu éviter de subir, dans certaines régions secondaires de mes perspectives, des variations que l'âge seul, à défaut des vicissitudes et des bouleversemens d'à l'entour, suffirait à apporter. J'y ai appris à me défier de mon opinion du jour même, puisque celle d'hier s'était déjà sensiblement modifiée, et à être peu pressé de jeter aux autres, dans l'application passagère, ce dont peut-être demain je devrai me détacher ou me repentir. Les variations qui se font ainsi graduelles, et lentes, et silencieuses en nous, ont une douceur triste et tout le charme d'un adieu, tandis que, si elles ont lieu avec éclat devant des témoins qui nous les reprochent, elles deviennent blessantes et dures. Dans la période de jeunesse et d'ascension impétueuse, on est rude et vite méprisant envers tout ce qu'on réprouve après l'avoir cru et aimé. La pierre où la veille on a posé sa tête sert presque aussitôt de degré inférieur pour monter plus haut, et on la foule, on la piétine d'un talon insultant. Que plus tard du moins, dans l'âge mûr, à l'heure où déjà l'on redescend la colline, cette pierre, où l'on vient de s'asseoir et qu'on laisse derrière, ne soit plus insultée par nous; et que, si on se retourne vers elle, si on la touche encore au détour avant de s'en détacher, ce soit de la main pour la saluer amicalement, des lèvres pour la baiser une dernière fois!

Quant aux croyances essentielles, en ces années d'attaque et de diversité sur toutes choses, n'ai-je pas eu des ébranlemens plus graves, mes heures d'agonie et de doute où j'ai dit : Mon Père, pourquoi m'avez-vous délaissé ? On n'échappe jamais entièrement à ces heures ; elles ont leurs accès de ténèbres jusqu'au cœur de la foi ; elles sont du temps de Job, du temps du Christ, du temps de Jérôme, du temps de saint Louis comme du nôtre ; même à genoux sur le saint rocher, on redevient plus vacillant que le roseau. Je n'ai pas été exempt non plus d'assauts fréquens dans ces plaies particulières que vous m'avez vu si en peine de fermer, et qui, à certains momens, se remuaient, — se remuent toujours. Ceci encore est l'effort intérieur, le combat quotidien de chaque mortel. Mais toutes les fois que je me laissais davantage aller aux controverses du jour et à y vouloir jeter mon opinion et mes pensées, j'en venais, par une dérivation insensible, à perdre le sentiment vif et présent de la foi à travers l'écho des paroles, et à me relâcher aussi de l'attention intime, scrupuleuse sur moi-même, l'estimant plus insignifiante ; et comme ce résultat était mauvais, j'en ai conclu que ce qui l'amenait n'était pas sûr, tandis qu'au contraire je ne me sentais jamais si affermi ni si vigilant que quand j'étais en train de me taire et de pratiquer.

Ce qui m'a frappé le plus, à mon premier retour d'Amérique, dans la situation de cette France à laquelle j'ai toujours été si filialement attaché, et pour laquelle je saignais jusque sous l'étole durant les années envahies, c'est qu'après l'Empire et l'excès de la force militaire qui y avait prévalu, on était subitement passé à l'excès de la parole, à la prodigalité et l'enflure des déclamations, des images, des promesses, et à une confiance également aveugle en ces armes nouvelles. Je n'entends parler ici, vous me comprenez bien, que de la disposition morale de la société, de cette facilité d'illusion et de revirement qui nous caractérise; les restrictions peu intelligentes du pouvoir n'ont fait et ne font que l'augmenter. Cette fougue presque universelle des esprits, si je n'avais été mis déjà depuis maintes années sur mes gardes, à commencer par les conseils de mon ami M. Hamon, — cette fougue crédule d'à l'entour aurait suffi pour m'y mettre, et m'aurait fait rentrer encore plus avant dans mon silence. Il n'est de plus en plus question que de découvertes sociales, chaque matin, et de continuelles lumières; il doit y avoir, dans cette nouvelle forme d'entraînement, de graves mécomptes pour l'avenir. J'ai la douleur de me figurer souvent, par une moins flatteuse image, que l'ensemble matériel de la société est assez semblable à un chariot depuis long-temps très-embourbé, et que, passé un certain moment d'ardeur et un certain âge, la plupart des hommes désespèrent de le voir avancer et même ne le désirent plus. Mais chaque génération nouvelle arrive, jurant Dieu qu'il n'est rien de plus facile, et elle se met à l'œuvre avec une inexpérience généreuse, s'attelant de toutes parts à droite, à gauche, en travers (les places de devant étant prises), les bras dans les roues, faisant crier le pauvre vieux char par mille côtés et risquant maintes fois de le rompre. On se lasse vite à ce jeu ; les plus ardens sont bientôt écorchés et hors de combat ; les meilleurs ne reparaissent jamais, et si quelques-uns, plus tard, arrivent à s'atteler en ambitieux sur le devant de la machine, ils tirent en réalité très-peu, et laissent de nouveaux venus s'y prendre aussi maladroitement qu'eux d'abord et s'y épuiser de même. En un mot, à part une certaine générosité première, le grand nombre des hommes dans les affaires de ce monde ne suivent d'autres mobiles que les faux principes d'une expérience cauteleuse qu'ils appliquent à l'intérêt de leur nom, de leur pouvoir ou de leur bien-être. Toute lutte, quelle que soit l'idée en cause, se complique donc toujours à peu près des mêmes termes : d'une part, les générations pures faisant irruption, avec la férocité d'une vertu païenne et bientôt se corrompant, de l'autre les générations mûres, si c'est là le mot toutefois, fatiguées, vicieuses, générations qui ont été pures en commençant, et qui règnent désormais, déjouant les survenantes avec l'aisance d'une corruption établie et déguisée. Un petit nombre, les mieux inspirés, après le premier désabusement de l'altière conquête, se tiennent aux antiques et uniques préceptes de cette charité et de cette bonté envers les hommes, agissante plutôt que parlante, à ce Christianisme, pour tout dire, auquel nulle invention morale nouvelle n'a trouvé encore une syllabe à ajouter. Je suis pourtant loin, mon ami, de nier, à travers ces constans obstacles, un mouvement général et continu de la société, une réalisation de moins en moins grossière de quelques-uns des divins préceptes. Mais la loi de ce mouvement est toujours et de toute nécessité fort obscure, la félicité qui doit ressortir des moyens employés reste très-douteuse, et les intervalles qu'il faut franchir peuvent se prolonger et se hérisser presque à l'infini. Nous sommes tous nés dans un creux de vague; qui sait l'horizon vrai? qui sait la terre?

Mais au moment où j'écrivais ceci, voilà, comme pour répondre à mes doutes, que le cri de *terre* s'est fait entendre. Je viens de monter sur le pont; après les premiers sommets aperçus, une rade d'abord effacée, bientôt distincte dans sa longueur, s'est découverte aux yeux; les points noirs ou brillans des vaisseaux émaillant cette baie immense nous sont apparus. Le plus haut mont de la rive a revêtu peu à peu sa forêt; puis les collines inégales se sont ombragées à leur tour, et, à un certain tournant doublé, nous sommes entrés dans les eaux de New-York; à ma précédente traversée, j'avais abordé à Baltimore. O Amérique! tes rivages sont spacieux comme les solitudes de Rome, tes horizons sont élargis comme ses horizons; il n'y a qu'elle qu'on puisse comparer à toi pour la grandeur! Mais tu es illimitée, et son cadre est austère; mais, jeune, tu fourmilles en tous sens dans tes déserts d'hier, et elle est fixe; tu t'élances en des milliers d'essaims, et l'on dirait qu'elle s'oublie en une pensée. Dans les destinées qui vont suivre et par les rôles que vous représentez, seriez-vous donc ennemies, ô Reines! N'y aura-t-il pas un jour où devront s'unir en quelque manière inconnue, son immutabilité et ta vie, la certitude élevée de son calme et tes agitations inventives, l'oracle éternel et la liberté incessante, les deux grandeurs n'en faisant qu'une ici-bas, et nous rendant l'ombre animée de la Cité de Dieu? Ou du moins, si le spectacle d'une trop magnifique union est refusé à l'infirmité du monde, du moins est-il vrai que tu contiennes, ainsi qu'on en vient de toutes parts à le murmurer, la forme matérielle dernière que doivent revêtir les sociétés humaines à leur terme de perfection? — Ce que je sais bien, c'est qu'il y aura sous cette forme de société, ou sous toute autre, les mêmes passions qu'autrefois, les mêmes formes principales de douleurs, toutes sortes de larmes, des penchans non moins rapides et des écueils trompeurs de jeunesse, les mêmes antiques moralités applicables toujours, et presque toujours inutiles pour les générations qui recommencent. Voilà ma part féconde; je suis voué à ce champ éternellement labourable dans la nature des fils d'Adam. Salut donc, ô Amérique, qui que tu sois; Amérique, qui deviens désormais mon héritage terrestre, ma patrie dernière entre les patries d'exil et de passage! adieu au vieux monde et à ce qu'il contient d'amitiés vers moi tournées et de chers tombeaux! La vie active, infatigable, me commande; un fardeau sans relâche m'est imposé; je suis chargé en chef, pour la première fois, du gouvernement de bien des âmes. Puis-je, à une telle vue, jeter encore un seul regard en arrière, m'inquiéter de l'écho de ces souvenirs dans un cœur ? Faut-il, mon ami, dès à présent, vous laisser arriver ces pages ? Faut-il que vous ne les lisiez qu'après ma mort ?

En vue de New-York, août 182..

FIN.

Librairie de C. Gosselin et Cⁱᵉ.

RÉCENTES PUBLICATIONS.

Portraits et critiques littéraires, par Sainte-Beuve, 2 vol. in-18.
Cours de littérature française, par Villemain, 5 vol. in-18.
Cours de philosophie et de morale, par Damiron, 4 vol. in-18.
Etudes de moeurs et de critique sur les poètes latins de la décadence, par Nisard, 3 vol. in-18.
Histoire constitutionnelle et administrative de France, par Capefigue, 4 vol. in-18.
Histoire de la ligue et de la réforme, par le même, 6 vol. in-18.
Histoire des juifs, par le même, 2 vol. in-18.
Manuel d'histoire moderne, par Heeren, 3 vol. in-18.
Manuel d'histoire ancienne, par le même, 2 vol. in-18.

www.ingramcontent.com/pod-product-compliance
Lightning Source LLC
Chambersburg PA
CBHW071142160426
43196CB00011B/1983